天下文化
BELIEVE IN READING

舊物憶往，生涯中的人情趣味

七〇年代，我申請到美國底特律總醫院的外科實習醫師職位。初抵當地，便收到一個醫師包，上面還燙金書寫著我的名字：J.N. Lin, M.D.。這是Eli Lilly藥品公司為每位實習醫師所準備的禮物。

一九八〇年六月三十日，曾拿過三屆英國高爾夫球公開賽冠軍的九〇年代知名高爾夫球球星華森(Tom Watson)，出席位在堪薩斯市慈悲兒童醫院加護病房的捐獻儀式，當天他送給所有與會醫師的簽名照上，都寫著「無盡感謝」(Many Thanks)，正巧前往醫院拜訪的我也獲贈一張，算是身為醫師的「紅利」。
我將這張照片掛在辦公室牆上，許多訪客都會問：「為什麼簽名照上會寫『無盡感謝』？」我總是開玩笑地說：「因為我教他如何揮桿！」(I taught him how to swing!) 這樣回應，往往引起訪客一陣訝異與大笑。

這是我在長庚醫院的辦公室，牆上掛有我在匹茲堡大學的小兒外科訓練證書。

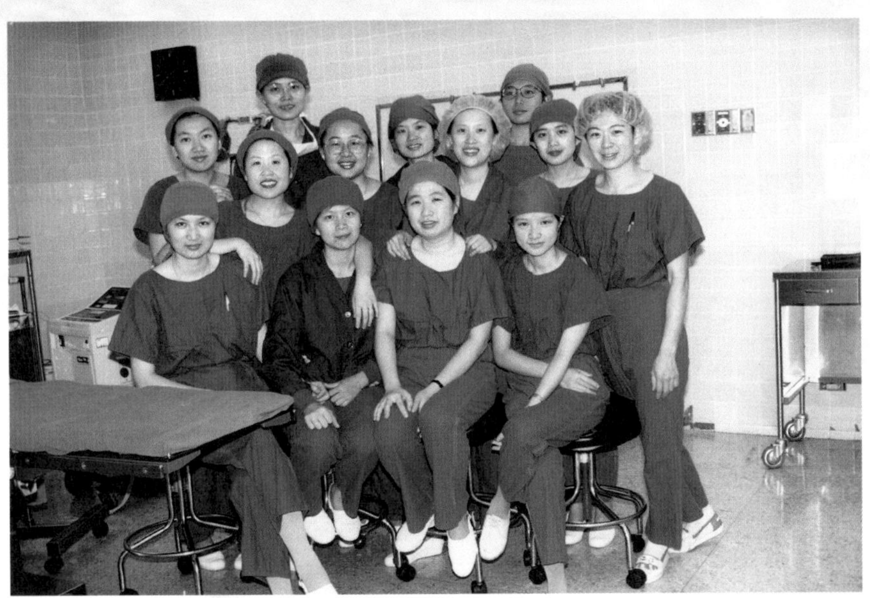

開刀房護士是外科醫師最大的幫手，是一群幕後的無名英雄。
這張一九九二年拍攝的相片，就擺在我辦公室的桌上，還有小兒外科護理長美英等十三位護理人員寫下的謝詞：「想起當初接手負責小兒外科，心中戰戰兢兢，唯恐稍有疏忽，配合不完善。但是心中期許著伙伴們務必竭盡心思，力求完善。短短兩年學習空間，感謝主任給予我們諸多教誨及幫忙，使我們在專科領域中穩定成長。我們懷念及珍惜共同擁有的日子。祝福您身體健康，萬事如意。」

世代傳承，不忘醫者本心初衷

這一大一小的兩隻「湯匙」，是在疝氣手術中，做疝氣袋高位結紮的器械，全名是Denis Browne spoon。一九九五年，在我完成小兒外科訓練即將回台時，如同傳承一般，我的良師益友蘇卡羅查納(Kam Sukarochana) 把這套他在匹茲堡兒童醫院使用超過三十年的兩隻「湯匙」送給我。

一九八七年十一月四日至七日，我(後排左6) 在林口長庚醫院主辦無肛症手術示範工作坊。後排中央是潘尼亞醫師(Dr. Peña)，左、右兩方分別是台大洪文宗教授與日本東京大學土田(Tsuchida) 教授。

中國醫藥大學蔡長海董事長（右）與我（左）的合照。長庚醫院體系是在一張白紙作畫，可以盡情揮灑；中醫大則是在一張黑紙作畫，每一筆都可能走調，但中醫大在短短二十年間脱胎換骨，儼然是台灣中部醫療重鎮。

這是中醫大附設兒童醫院，我在二〇〇八年離開長庚醫院時，就已完成初步規劃。兒童醫院面對台中正中正公園，園內有蔡長海董事長購置的雕像。雕像是一對母女面對兒童醫院，盼望在兒童醫院可以得到最好的治療。

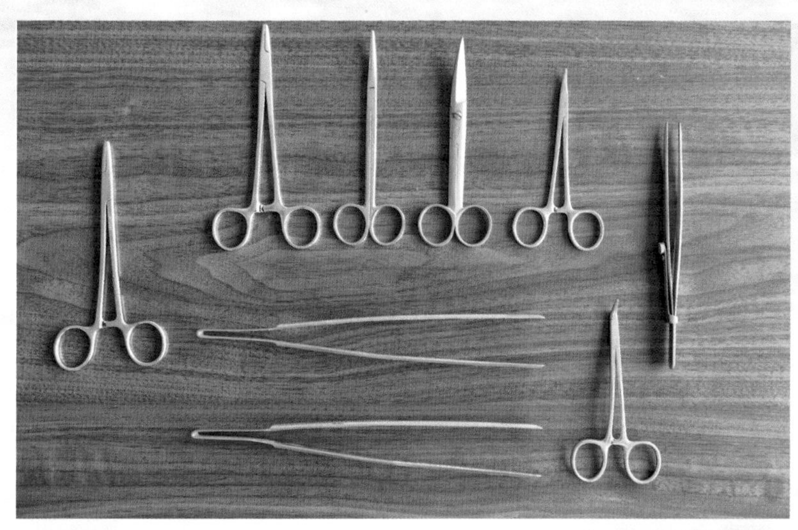

我的同班同學許信夫，跟我一起在台大外科當了三年住院醫師。他看不慣當時急診處為臉部撕裂傷病患粗略縫合而留下疤痕，於是自費購買了這套精細的外科器械。許信夫告訴我們住院醫師，若遇到臉部撕裂傷病人，不論何時，都可以通知他。我看到他拿著這套器械，很有耐心，像繡花般一針一針仔細縫合，甚為感動。他影響了我對外科的態度。他前往美國實習前，把這套器械送給我。我至今仍保留，何時送還？

俯仰無愧，外科人的榮譽與愛

二〇〇六年五月，我以理事長身分主持太平洋小兒外科醫學會（Pacific Association of Pediatric Surgeons, PAPS），之後便要卸任，而在交接典禮上獲得這枚徽章，是我一生最大的榮耀。

US
TAIWAN STRAIT
POLICY

The Origins of
Strategic Ambiguity

Dean P. Chen

Dear Dr. Lin:
My life owe to you and
I am most grateful to you. This
book cannot be completed if you
did not save my life 33 yrs ago.
Best wishes to you and family.
Sincerely yours,
Dean P. Chen
July 8, 2013

FIRSTFORUMPRESS

這本《美國的台灣海峽政策》是陳鼎教授送我的大作。他在內頁親自寫著對我的感謝，是對我外科生涯的肯定與鼓勵。

二〇〇五年《康健》出版的《韓德仁與波士頓兒童醫院的醫療奇蹟》中譯本，封面是禪學大師及畫家奚淞臨摹韓德仁醫師與一位「泄殖腔」女孩合照相片，所創作的油畫。

據《康健》總編輯許芳菊轉述，奚淞讀了這本書之後非常感動，認為一位外科醫師必須有極大的愛心，才可能花上十二小時，甚至二十四小時，去完成泄殖腔重整手術。所以，他認為，這本中譯本的書名應該是「愛的再造」。二〇〇六年韓德仁訪台時，我親自將油畫原作當面轉送給他。

家與家人，生命最溫暖的後盾

春梅(後排右)與三個女兒昱欣(左)、昱珊(中)、昱佳(右)，以及全家疼愛的約克夏Toto。他們，都是我(後排左)的摯愛。

這隻身穿手術衣、戴著手術帽與口罩、腳著手術鞋的泰迪熊，是我最寶貴的收藏。它是三個女兒在我六十歲生日同遊加拿大洛磯山脈風景區時，偶然路過一家泰迪熊專賣店，臨時起意買來送給我的生日禮物。

二〇一八年五月，慶祝結婚五十週年，親朋好友三十多人參加了阿拉斯加郵輪之旅，並且留下我(二排右)與春梅(二排中)，以及三個孫兒、三個孫女的合影。

社會人文 BGB483

我的外科人生

林哲男醫師回憶錄

林哲男——著

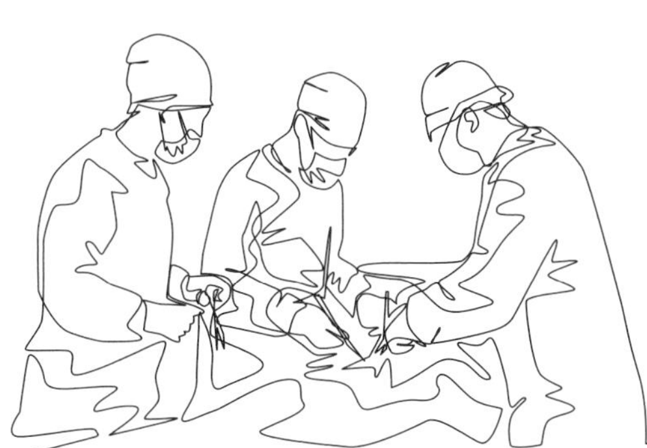

目錄

序
典範外科人生

——張昭雄（長庚醫院前院長、長庚大學前校長）

《我的外科人生》一書，有意鼓勵子女從醫的父母、有志學醫的年輕人，或你心儀對象選擇醫者為志業者，可細讀、評讀本書；一般讀者，亦可從林教授外科人生的艱辛路程中，獲得堅持自己人生核心價值及增進勵志的動力。

順風而上，我們這一代是人類在臨床醫學及基礎醫學突飛猛進的時代。林教授在書中提及在匹茲堡兒童醫院進修結束的感言，「收穫雖多，但因忙碌而不快樂」，可見在重症醫療中，醫護人員身心壓力之大。

回國後，林教授在長庚醫院推動「氙氣手術不住院」，結果完美，更有大量病患慕名而來。對他而言，駕輕就熟，也可發大財，但他不藏私，在長庚建立嚴謹的小兒外科住院醫師訓練，推廣至全省。

分享新術式與觀念

林教授不斷向艱難重症小兒外科挑戰，如：巨腸病、無肛症等手術。為使這些重症病患獲得較好結果，亦引進《外科病人的新陳代謝照護》（*Metabolic Care of Surgical Patient*）一書所強調的概念，如：腸外營養（pareneteal nutrition）、小兒呼吸治療團隊等。

過去，傳統外科手術偏重手術技巧，但林教授將外科病人新陳代謝照護導入小兒外科訓練規範中，在台灣近代外科醫療史上至為關鍵。

支持改革無私心

林教授在書中輕描淡寫的長庚醫院主治醫師薪資「上限」制度的建立，其實是台灣醫院管理核心價值建立最關鍵的一步。

當時，長庚引進台塑管理觀念，再加上各科領導醫師的努力，掃除當時一些陋習，頗受病患歡迎，患者人數急速增加。為免病患過度集中在明星醫師，影響照護品質與住院醫師訓練的推動，我在院務會議提出這項制度。

對此，幾位重要管理行政幕僚原本都抱持這項提案在院務會議不可能通過的態度。令他們震撼的是，幾位當時依照新制會被砍最多收入的醫師，如：吳德朗、廖運範、林哲男等，卻全力支持而通過。

台塑過來的行政管理人員，原以為只要抓住「績效」，便能做好醫院管理。這次事件，對管理人員是一場震撼教育，奠立長庚醫院管理兩大核心觀念：第一，尊重專業；第二，病患的最高利益——健康，是醫院最首要的考量。

一事一生，堪為典範

這項制度的實施，幾位薪資被砍最多的醫師，至今我沒聽到他們的夫人有怨言。為此，我需要向林教授夫人致最高敬意。

書中林教授全家福照片，其樂融融，可見林教授一生在小兒外科領域——教學、研究、醫療、行政努力奮鬥，過程雖忙碌艱辛，現在則應是快樂喜悅，可謂「典範外科人生」，值得慶賀與羨慕。

序

小兒外科領域的開創與貢獻

——鄭隆賓（中國醫藥大學附設醫院器官移植中心院長）

台灣醫界，尤其是外科領域的同道，有多本翻譯作品的醫師不多。林老師的譯作共有《愛的再造：韓德仁與波士頓兒童醫院的醫療奇蹟》、《拼圖人：一個器官移植外科醫師的回憶錄》、《奇蹟與恩典：細數本世紀來的外科進展》、《手術刀下的奇才：現代外科之父霍斯德的傳奇生涯》等傳記，譯作中展現中英文造詣頗深，已然達到信達雅的最高翻譯境界。

林老師近日又完成與自身有關的傳作。回顧這一年來，林老師每至外科辦公室閒聊之餘，就會提到他完成回顧自己的段落。我還消遣他，自傳不要自己寫，口述就好，找別人代筆較為省事。可是，我看到的是他的堅持，不斷地修正內容。

從祕書眼裡，可以看到這位長者的擇善固執。我想，這就是外科醫師的特質，再加上林老師終生專注在處理小兒疾病，從中磨練出一絲不苟的特性吧！

初稿完成後，老師說要我寫序言，這是老師的命令，也是我的榮幸，當然一口答應下來。

本書細數一位小兒外科醫師的一生，內容講敘有關進修、私人生活、交友軼事等，我只有賞悅拜讀。至於專業領域的角色，就值得跟各位讀者談談了。

小兒外科的開創者

林哲男教授絕對夠資格被尊稱為台灣小兒外科界的泰斗，文中所提及的陳秋江和洪文宗兩位教授，當然是台灣小兒外科界的先驅。但真正在小兒外科領域的開創與貢獻，絕對非林老師莫屬。

以外科的眼光而言，我覺得有幾樣值得敘述：

首先，是小朋友疝氣手術的概念。

根據以往的看法及做法，因考量小孩太小，使用麻醉藥有很多顧慮。除了要說服家屬，還須麻醉醫師的配合。

開這種刀，要快、狠、準，因此技巧更形重要。林老師示範手術乾淨俐落，單邊手術不到十五分鐘即可完成。這種術式，後來我們應用於成年人的疝氣手術，也大大減少了不必要的併發症。

手術雖小，也許一般人認為微不足道，但是一個觀念的突破，不只造福小朋友，也裨益了大人。

其次，是小兒疝氣手術的細膩技巧。當年的疝氣手術，林老師的技巧——剝離疝氣袋，再加上使用疝氣湯匙的高位結紮術，不會再弄破疝氣袋。

第三，無肛症手術。這絕對是台灣的先驅，而且林老師邀集世界泰斗至長庚醫院做示範手術教學，至今回想起來，仍歷歷如繪。對這些小朋友的家屬而言，解決了很多的夢魘。

第四，全方位的手術概念。除了心、腦、骨科以外的小兒問題，都一手包。全能的外科醫師，比身為一般外科的我，更為普及，值得敬佩。

授業解惑

林老師至今仍堅持在授業、解惑的崗位上，雖然我一直取笑他——年輕人不喜歡聽你的通識課程，沒有興趣陪你回顧醫學史。然而，從他持續不斷地將影響人類外科醫學的大師傳記翻譯、呈現給醫學系的晚輩，就可以了解他的理念。

藉由多了解大師的思維，才能內化成為自己開創的原動力，唯有不斷創新，才能立於不敗，更能提供患者嶄新的治療服務。

長庚醫院有名的四大嚴師，包括林老師與我。我承襲了林老師嚴謹手術的態度，對年輕醫師的要求頗高，恨鐵不成鋼，在手術室的嚴格程度，得到了「四大惡人」的封號。

一條線，一條命，雖然在當下，被責罵的年輕人心有未甘，但多年過後，值得懷念的還是這些飛刀、跺腳級的前輩，沒有他們的用心教誨，就沒有年輕一代優秀醫師的產生。我們三生有幸，能有機會被嚴格地洗禮。

話說回來，林老師相當有風度，各位讀者可以從文中看到林老師細數他的學生，以生為傲的長者精神，更可證實身為師者的用心。

嚴師風範

我個人直接受教於林老師，只有幾個月的時間，當然也被操得體無完膚。林老師最「不講理」的一次，是怪我不看病人。

當天，我在林口值夜班，一大早林口晨會結束後，林老師就開著他的車子

Mercury到台北院區；我還得交班，為了趕上他，不敢搭交通車，去買了一輛Escort一千三百ＣＣ的福特二手車，在高速公路上一路開路肩趕到小兒外科病房。

那時他已看了一半的病人，不用說，就是一番指責與嘲笑——都不看病人。後來，我只好在開會前先電話詢問病情，反正再怎麼趕路也追不過他（國產小車怎麼比得上進口大車），乾脆從後面號碼的病人看過來，然後在中間與他碰頭。如此一來，病人掌握得很好，終於讓他無話可說。

與其被罵感到委屈、不開心，不如想辦法突破，這可能也是林老師帶給我的人生課程吧。

值得尊敬的醫者

說了這麼多，或許與林老師的自傳內容沒有太大關係，但經由實際與林老師的接觸心得，這就是我對林老師實實在在的看法。能有機會在此加上一筆，也算是對老師的尊敬與回饋吧！

在此希望各位讀者朋友用心賞閱，如果您在外科界，絕對心有戚戚焉；如果您是非外科界的醫療同道，對林老師及小兒外科會有更深一層的了解；如果您是一般讀者，尤其曾經受林老師照顧過的，絕對會認同我的看法。

林老師，一位值得尊敬的醫者、長者，讓我們一起謝謝他對台灣醫界的貢獻。

序

幸福家庭是外科醫師最堅實的後盾

——莊錦豪（長庚醫療財團法人董事、高雄長庚紀念醫院前院長）

林哲男教授是我完成台大醫院外科住院醫師訓練，繼續在長庚醫院擔任一年小兒外科研究員的授業師，也是讓我在長庚醫院立足的推手。在醫療事務上，彼此默契十足，形成數十年來亦師亦友的深厚關係。也因此，在他完成個人傳記，行將付梓前，晚輩有幸先睹為快。

這本篇幅不長，卻句句要言不煩的書，非常吸睛，讀來愜意又輕鬆，既是個人外科生涯的翦影，也是貫穿一世紀外科簡史的力作！

將台灣小兒外科推向國際

林教授引用俄國文豪托爾斯泰的一句話說：「幸福的家庭家家相似。」但是從他小康之家成長到迎向人生新里程，字句間透露其營造家庭生活的用心。

尤其，他和師母張春梅的相識、互動，組織家庭到參與國際醫學會，包括一九八七年他帶團參加在大陸天津舉辦的國際小兒外科醫學會，並貫穿北京、西安、上海的驚奇之旅，像行雲流水般流暢，令人想到《浮生六記》中的沈三白和芸娘。

林語堂曾讚嘆：「在這故事中，我彷彿看到中國處世哲學的精華在兩位恰巧成為夫婦的生平上表現出來。」

林教授這本書，也恰如其分地反映夫唱婦隨的經典場面，更是林教授衝刺外科事業的強力後盾。

林教授學醫的過程雖然遇到一些挫折，但是堅持走外科的道路，尤其鑽入必須要細心、巧手的小兒外科，讓他找到可以揮灑的一片天。

尤其，躬逢其會，王永慶創辦長庚醫院，使林教授不僅成為國內小兒外科的重要推手，也讓我受惠；更繼台大洪文宗教授之後，積極將台灣小兒外科推向國際舞台。

創造個人生涯高峰

林教授最傲人成就，是成為二〇〇五年至二〇〇六年太平洋小兒外科醫學會理事長，並在二〇〇六年於台北圓山飯店成功舉辦第三十九屆年會。

林教授和我的共同老師台大陳秋江教授，指導手術巨細靡遺，在陳教授生病及臨終時，都可以看到林教授積極幫忙，其師生情懷，令人動容！文中提到的一副湯匙，不僅是兒童疝氣手術的利器，也展現一段跨國的師生情誼。

寫下生涯完美篇章

林教授因身體因素離開長庚醫院，本想在省立桃園醫院展現其行政才能，但是無法容忍官僚氣息，只好掛冠求去，視為其人生中的最低潮。所幸中國醫藥學院蔡長海董事長有識人之明，讓他繼續在醫界有所發揮，包括投入醫院改革及醫院評鑑。

文中兩度提起籌設兒童醫院的壯舉，都因客觀因素未能竟全功，令人扼腕。之後因勤於筆耕，翻譯四本書，剛好串聯一百多年來外科醫界的四大奇才。不僅是世界外科史的重要參考著作，也是醫學生的入門書籍，更在林教授外科生涯中，意外寫下另一完美篇章。

林教授以奇蹟與恩典概括其外科生涯，非常貼切，也讓晚輩學到一課，並積極向讀者推薦！

自序

奇蹟與恩典

——林哲男（本書作者）

我經常半開玩笑地問醫學生或者外科住院醫師這個問題：一八九三年美國最宏偉的瓊斯·霍普金斯醫院（Johns Hopkins Hospital）開幕時，由現代外科之父霍斯德（William Stewart Halsted，一八五二年～一九二二年）所主持的外科部，有多少間手術室？

正確的答案是，只有一間。

我會繼續追問：手術室在醫院的哪個地方？

答案是，地下室。

我還會再問：在地下室的哪裡？

答案是，太平間的隔壁。因為當時最簡單的闌尾炎手術的死亡率，就高達二五％。

現在，無論美國或台灣的醫院，手術室動輒幾十間，甚至百間，而且都在醫院最黃金地段與樓層。外科醫療的科學性與效率，無疑是現代醫療奇蹟的主要創造者。外科手術由摘除（Take）、重建（Reconstruction）到器官移植（Give），再進一步進入微創（Minimally Invasive）手術，例如：腹腔或胸腔鏡手術等，甚至機器人手術（Robotic Surgery），都只在這短短一百年，甚至是第二次世界大戰之後才蓬勃發展。

我的外科生涯，有幸躬逢其盛。我在長庚醫院體系的三十年間（一九七七年～二〇〇三年），小兒外科手術數大約每年三千六百例左右，由三至五位小兒外科專科醫師負責。在手術及照顧病童之外，我得天獨厚，在研究與學術上參加了許多學會，尤其是太平洋小兒外科醫學會，讓我有機會參訪許多國家，並認識了國際上許多同儕，有些還變成真正的家庭朋友。

外科醫學是上天的召喚

如果說近代外科的發展是一個「奇蹟」，而我幸運地成為外科醫師，則是上天給我的「恩典」。離開長庚體系，進入中國醫藥大學附設醫院，在那裡漸漸淡出手術室，也是一種恩典。中國醫藥大學暨醫療體系董事長蔡長海，是我在長庚醫院的早期學生之一，承蒙他的照顧，讓我可以沉澱下來，把這段有點偶然的「外科人生」公諸於世。

年輕的下一代如果有人因為看了這本書，認為外科醫學不只是一種職業（job）、不只是一種專業（profession），而是某種上天的召喚（calling），這本書就十分值得。

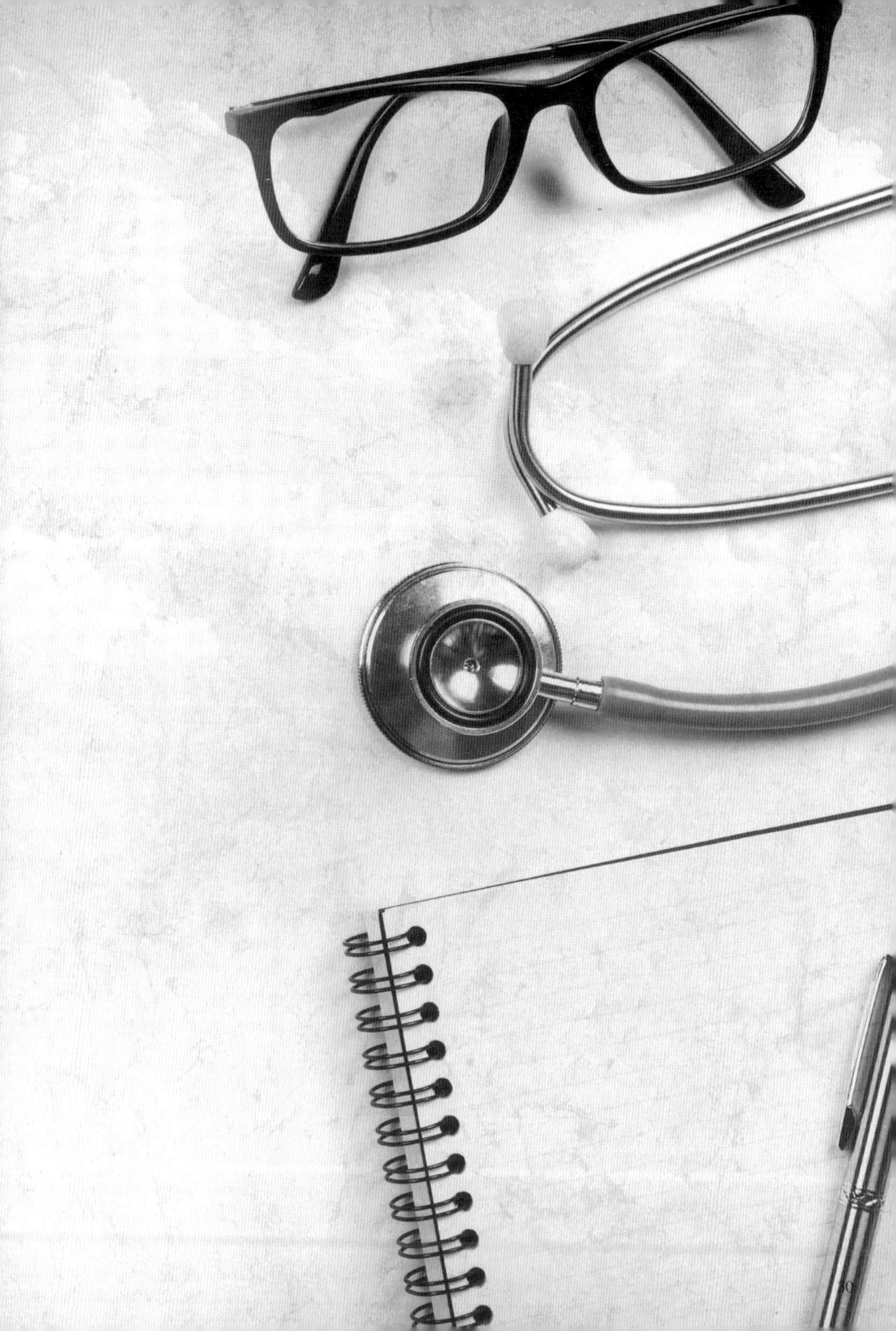

第一部——醫者少年時

一、出身小康之家

一九四〇年四月九日，我出生於台南縣一個小鄉鎮「漚汪」的傳統閩式三合院。漚汪如今已改為台南市將軍區，聽說是平埔族西拉雅人的發音，我不知道它的含意。

一九四〇年是二次世界大戰開始時期，台灣還是日據時代。聽母親說，在我出生四個月時，我們舉家搬往台南市。我的內祖父有一別號「打銀賜仔」（祖父名林賜），可能以前開過銀樓，會打造銀飾。在我懂事時，他已退休，只知他也務農。林家並非知識傳家，父親只小學畢業，母親未曾入學。

父母親可說是白手起家，在台南市從事服裝加工業，店名是「謙益被服廠」，經營非常成功，衣服成品遍銷全省各鄉鎮。家裡經濟狀況愈來愈好，在我初中時期，工廠內「女工」達百人之多，已是中小企業規模。

一九六〇年代，服裝加工業隨著台灣經濟轉型漸走下坡，父親開始購買土地，經營旅館，晚年並做放款業務，在台南市也算是「有錢人家」。

優秀的學習成績

我在一九四七年進入小學一年級，那時第二次世界大戰已經結束，台灣由中華民國收歸。我就讀的協進國民學校，位於台南市郊區，在台南運河附近，並不是頂尖學校，但我的成績非常優秀。

五年級時，我參加包括六年級生在內的畢業模擬考試，得到全校第一名。畢業時得到「市長獎」，並代表畢業生致謝師詞。我還曾經代表協進國小參加全省「記憶」比賽，參賽者有十五分鐘看一篇看不太懂的文言文，然後文章收回，回答五個問題，答題盡量與原文一字不差，就會獲得高分；我得到全省第一名。也就是說，我有某種「照相式記憶」，很容易記住情境。

畢業後，我考入名校台南第一中學，全班只有兩個人錄取。

我念台南一中初中部與高中部，都不十分用功，成績卻不錯。初中以第二名直升高中，念高中時迷迷糊糊，並不知道有大學保送制度，但仍然以第三名保送成功大學。

我在初中時的同班好友林秀人，他的父親是外科醫師，是赤崁樓旁林外科的院長。林秀人是我玩樂的啟蒙老師，我跟他一起打網球、玩露營。

以醫學為生涯追求

我高中畢業後，放棄了保送成功大學的機會，參加甲組大專聯考，隨著當時台南一中傳統，以台灣大學醫科為第一志願。結果以些微分數落榜，只考上第二志願台大土木系。那是我人生第一次挫敗，但也讓我關心起自己的學業成績。

一九五九年，我離家前往台北就讀台大土木系。記得有一位土木系同學，他的父親擔任國有財產局局長，是外省籍官員。我曾經到他位在新生南路的家拜訪，聽見他父親鼓勵兒子先念大學，留學美國，再以歸國學人的身分進入政府部門「當官」的美好未來。

這段無心聽到的對話，對我影響甚為深遠。心想：我既無「關係」可攀，而「朝中無人不當官」，還是選擇本省人傳統的「醫師」生涯較為可靠。

我決定放棄土木系，重考醫科。很不幸，第一年又以些微分數落榜，考進高醫醫科，但第二年就以高分錄取台大醫科。

父母的愛

對父母親而言，孩子念台大醫科是一件光宗耀祖的事。

在我的家族裡，我是第一個進入台大的，而且是人人羨慕的醫學院。父親帶我到台南市中正路一家高級鐘錶店，買了一支昂貴的瑞士梅花（Titoni）金錶給我，還買了一台當時非常流行的「三槍牌」英製腳踏車，讓我在台大校總區代步。醫學院三年級時，多數人只有破舊「鐵馬」可騎，我已經有偉士牌機車。當時因奧黛莉·赫本的電影《羅馬假期》，偉士牌大為流行，是年輕人的勞斯萊斯。

我父母親生性節儉，又不善表達對兒女的愛，但這些事都顯現出他們深以這個兒子為榮。

二、台大醫學院醫科學生

就讀台大醫學院醫科前兩年（一九六一年～一九六二年），在羅斯福路的校總區上課，稱為醫預科，理論上屬於理學院。第一年有動物學、植物學及其他通識課程，例如：英文、國文、數學（微積分）、普通化學、物理、近代史等。二年級有比較解剖學、有機化學、德文、拉丁文等。

豐富的新鮮人生活

我曾念過土木系，有些通識課程重複，課業之外頗有餘裕，便利用這兩年接觸了不少古典音樂會，也曾短暫學了小提琴，可惜沒有天分。

我的台南一中同學林明源，念台大政治系，他帶領我聆聽不少在國際學舍[1]或西門町中山堂的演唱會。我還記得音樂家戴粹倫指揮的台灣省交響樂團，以及夫妻檔音樂家鄧昌國、藤田梓的小提琴與鋼琴合奏表演。

另外，我也看了不少電影。

記得當時電影票一張八元，黃牛票則賣到十五元之高。由台大校總區坐「零南」公車到西門町的新生戲院，是我最常搭乘的路線。

我的休閒運動，則由軟式網球升級為硬式網球。

硬式網球相當「貴族化」，不只紅土球場難找，球更是貴又不經打。我的入門教練還是林秀人，他是國際學舍的紅土球場會員。他當時念台北醫學院[2]，是第一

注

1. 現為大安森林公園。
2. 現為台北醫學大學。

屆。他交遊廣闊，當時窮到借住國際學舍倉庫的名作曲家及小提琴家李泰祥，也是他的朋友之一。

兩年的醫預科生涯，我住在基隆路山腳下的第七宿舍。宿舍包飯，每月一百八十元新台幣，非常便宜。當時宿舍設備非常簡陋，冬天洗澡沒有熱水，但認識不少其他科系的各路英雄，開拓了將來與人相處的社會觀。

大體解剖學的回憶

醫科學生從三年級起，搬到新公園[3]旁的台大醫學院。醫學院位於仁愛路，靠近景福門，那是台灣的行政中心，有總統府、行政院、立法院、監察院等。

每個醫學生一提起醫學生生涯，幾乎都會提起三年級時的「大體解剖學」。課堂上，八個人一組解剖一個大體，每人負責一部分的解剖，然後向同組其他人解析其構造。因為大體在福馬林防腐下，有特殊味道，人體又有其神聖性及神祕性，所以每人都有不同的反應及感傷。當時的我倒是有點遲鈍，解剖時只覺得是一件「物品」，沒什麼「強說愁」的敏感情懷。有時太過專心，午飯前還忘了洗手。

解剖學是宏觀醫學（Macroscopic），組織學屬於微觀醫學（Microscopic），生理學具備功用性，而生化學則是生物的化學變化。這四大科加上四年級的病理科，就是醫學的基礎。

不知不覺奠下基石

六〇年代，台灣大學醫學院是很有世界水準的。我們在「不知不覺」間，奠定了往後醫師生涯的基石。

注

3. 現為二二八和平紀念公園。

雖然很多同學不認為台大醫學院的教學有多前衛，但在「不知不覺」間，我們的專業基礎還是寬宏而實在。尤其四年級時，每星期四下午的「臨床病理討論會」（Clinical Pathology Conference, CPC），讓我印象深刻，更影響當時每一個醫學生日後的臨床生涯。

影響生涯的臨床病理討論會

臨床病理討論會是台大醫科的特色，由病理科葉曙教授主持。病理科的教師把較富教學意義的病理解剖病例，委由一位臨床醫師把病史、理學檢查、影像等臨床資料分析做出臨床臆斷，並做治療分析，最後再由病理醫師就病理解剖所見，給予病理診斷。葉曙教授稱為「最終診斷」（Final Diagnosis），但我想，最終診斷應該保留給上帝。

臨床病理討論會在當時學校最大的第七講堂舉行，因為臨床與病理醫師所見分析精采，而且互有攻防，甚至口角爭論，吸引各級醫師參加，常常爆滿。這很像哈佛大學麻州總醫院（Massachusetts General Hospital）的「死亡病例討論會」（Mortality and Mobility Conference, M&M），都是傳統的招牌教學活動。

台大的臨床病理討論會，每幾個月有一次由學生擔綱。五、六年級學生擔任臨床醫師，而正在念病理的四年級學生則擔任病理醫師。雖然「菜鳥」的分析不如老師們的精采，但有時也有驚人表現。

病理科實際執刀病理解剖的資深技術員Jack先生，是醫學生的知交，常會透露病理診斷給我們。學生的臨床病理討論會因此時有「驚人」的臨床分析，導致「超神」的臨床診斷。

學醫的茫然時期

五、六年級開始的臨床課程，水準不一，教學有時流於教條形式，而少啟發與誘導，所以，這兩年可能是我念書最不嚴肅的階段。

這些年我倒是得了幾次書卷獎，但老實講，醫學到底是什麼？當醫生的目的何在？我們只是過一天算一天，好像日月一般，自然而膚淺。

實習醫師的革命情誼

醫學生的最後一年，當時稱為「應當」（Intern的日語發音），一般俗稱「實習醫師」。這一年已經沒有正式的講堂課程，醫學生要輪流到各科實習，包括最主要的四大科——內科、外科、婦產科、小兒科，再加上其他次專科，如：耳鼻喉科、眼科、泌尿科、精神科等。

實習醫師要負責所有住院病人的病歷，包括：主訴、病史、理學檢查、初步診斷及治療方針。我們會在病歷上正式簽名，並加上RI頭銜，意思是Rotating Intern。當時實習醫師要親手完成每位住院病人的完整血球計數（complete blood count, CBC）、尿液及糞便等簡單實驗室檢查，所以常戲稱自己是BUS Boy（blood, urine, stool），僕人之意。

七年級時，同班同學都分配住在醫院的宿舍，加上三天值班一次，因此在這一年裡和許多同學有更深的認識，成為患難之交，甚至成為終身不可或忘的真正朋友。直至五十年後的今天，同學聚會時，還是回味無窮。在這一年，許信夫、鄧昭雄、陳定信、黃家興等，都與我成為一生的莫逆之交。

青杏之緣

台大醫學院曾經成立青杏雜誌社，出版院刊《青杏》，當時按慣例由四年級學生負責，我在醫四時擔任社長。

《青杏》的出版經費要向校友前輩募款，幸運的是，校友都是醫生，開業也非常成功；他們雖然忙碌，但非常照顧晚輩，所以募款不成問題，我因此也認識台灣北、中、南許多開業前輩。倒是《青杏》稿件時有不足，必須到處邀稿。

我當社長的那一期，邀請當時在病理科擔任助教的林媽利醫師設計封面。她很大方答應，畫了一幅巴洛克風格建築的台大醫院正門，非常漂亮。林醫師當時在台大病理科研究，現在是血液專家，也是我高中好友林秀人的姊姊。

這一期，有一篇藥學系同學張春梅的文章〈當葡萄成熟時〉，讓我非常感動。我也寫了一篇短文〈親情，友情，與愛〉做為回應。她住在醫學院女生宿舍，有些雜誌社的事也要拜託她，所以我們漸漸熟識。五年級時，我又擔任「青杏合唱團」團長，當時還拜託她的同班同學林惠美擔任鋼琴伴奏。

享受咖啡時光

我當實習醫師時，春梅已畢業，在美國海軍醫學第二研究所（NAMRU-2）工作。這個研究所就在台大醫院旁，我記得她經常把員工喝不完而剩下的咖啡，裝在一個玻璃壺，下班時放在與台大醫院相通的一扇門後，我與同學就有新鮮濃郁的咖啡可享用，這在一九六八年那個年代，可是超級的享受。

三、預備海軍醫官役的難忘回憶

醫科畢業後的第一件事是當兵服役，當時是為期一年的預備軍官役。醫科畢業生是少尉醫官，我們在五年級暑假到烏日成功嶺接受十週的基本軍事訓練，畢業後就分發各軍種當醫官，包括到金門、馬祖等離島服役。

我分配到海軍中榮艦（LST-210）當醫官。ＬＳＴ為美國二次大戰建造的郡級戰車登陸艦（Tank Landing Ship），艦長大概三二七．九呎、寬五〇呎，可以直接搶灘；打開艦首前門，車輛與物資就可直接進出船艙，當時是台灣運補離島物資的主要工具。中榮艦是二級艦，不像巡洋艦等一級戰艦上，派駐的醫官往往是國防醫學院畢業生。

我的艦長是王鶴樓中校，海軍官校畢業，北京人。記得我在基隆港六號碼頭報到，當天走樓梯上船時，艦長偶然看到，趕忙要勤務兵幫我提行李。中榮艦雖老舊，但海軍傳統還是保留著——軍官不應提著物品走路，有礙官威與觀瞻。

患難與共的預官生涯

這一年的預官生涯，我與艦上同袍患難與共，留下很多值得回憶的故事。尤其與往後在白色巨塔裡的生活相比，完全不一樣。

王艦長曾是劉廣凱海軍總司令的副官，海軍圈子不大，他從上到下，包括在艦隊指揮部裡，都很受歡迎。他是當時的「萬里克難英雄」，也就是說，中榮艦很少停航，長年都在跑任務。我們幾乎每週運補馬祖本島或更北的東引島，往返基隆港六號碼頭。每趟任務約三天，我一年來回馬祖、南竿大約三十次。

船上岸後，醫官沒什麼任務，我就在南竿唯一的一條街閒逛，街上最多的店家是冰果室及撞球間。冰果室顧名思義是賣冰及水果，但當時阿兵哥離鄉背景，喜歡和年輕姑娘聊天，所以生意最好的往往是有貌美嬌豔姑娘的冰果室。撞球間也相同，醉翁之意不在酒，是在撞球計分小姐。

特別的船上生活

我還不經意獲悉，每次軍艦到馬祖，就會有一批閩江口特有的黃魚送上船。這些黃魚肉鮮且入口即化，是老饕的上選，也是基隆港口的最愛，通常船還沒入港，已經被台北市的餐廳預定一空。黃魚由馬祖運到基隆「交貨」，一斤獲利多了好幾倍，聽說是當時船上的福利。

在一年的醫官生涯裡，我很幸運地，並沒有遇上真正生病或急診的病人，最多的是「性病」之類的小病。當年治療性病的特效藥，只有四環素（Tetracycline），但數量有限，多半留給軍官使用，一般充員兵只能給磺胺劑（Sulfa drugs）。

醫官在艦上工作輕鬆，只在船停靠碼頭時才輪值值更官，船一移動就不必輪值，因為醫官沒有航行經驗。

航向戰爭前線

我的醫官生涯最特別的任務是，兩次到越南峴港、一次到琉球。

一九六八年至一九六九年間是越戰最激烈、美國介入最深的時候。峴港位於北緯十五度，當時南、北越以北緯十七度為界，所以峴港是戰爭的前線。

我們從左營出發往峴港，中榮艦航速甚慢，大概只有六至九海浬；而且為了避開海南島的中國大陸潛艇基地，必須繞到菲律賓附近，再轉北到越南，來回一趟約十九天。在這十九天內，我領的預官薪水是美金，不過我已經忘記金額多少，總有近百美元吧！

中榮艦停在峴港河上的美軍基地，每次停泊二至三天，任務是載回美軍報廢的吉普車或大卡車，聽說運回來後，可以併裝成為效能不錯的軍用車輛。

可樂的滋味

在峴港時，有年輕的美軍負責把這些車輛固定在甲板上，所以我有機會跟他們聊天。

有一次，一位台灣的充員兵（服海軍役的大頭兵）告訴我，看到碼頭上堆積如小山般的罐頭可樂，他們好想喝。六〇年代，台灣很窮，可樂是奢侈品，而且只有玻璃瓶裝，罐裝是極品。

在越戰中，美軍是以無限資源打有限戰爭。我們在那裡，看到像蜻蜓飛滿天的直升機在巡邏戒備，年輕美軍一手拿著飲料，一手拿著衝鋒槍，朝河面漂流物掃射。

我們的充員仔央求我去問問那些美國大兵，可否送他們一些可樂飲用，我這個醫官只好勉為其難與他們交涉。這些美國大兵其實很老實，他們告訴我，這些罐頭已經過期，甚至有膨脹現象（罐頭如有膨脹，表示含有產生氣體的毒菌），如果我們要，隨時可以搬走。這些不怕死的台灣海軍，就大搬特搬，運回艦上。

我警告他們，喝了這種飲料以後四到六小時，可能會上吐下瀉，甚至喪命。幾個較勇敢的充員兵先喝，四到六小時後，沒有出現任何症狀，其他人就毫無顧忌地享受可樂的美味。

碼頭風光

官兵在艦上的生活很無聊，但我們是禁止上岸的。聽說老共或越共很想抓到台灣兵，以證實台灣參加越戰。我只依稀記得碼頭上的一些景象，包括穿著越南傳統服裝的越南婦女。

有一天，副艦長召集輔導長、補給官與我，四人上岸去ＰＸ採買駱駝牌香皂及三五牌香菸。因為我會講一點破英文，所以副艦長要我同去。我忘記ＰＸ代表什麼，只記得那是美軍免稅福利商店，而且三五牌香菸一條（十包）才一．一美元，折合新台幣四十四元。

睜一隻眼閉一隻眼

我們大量採購，還動用一群充員兵搬到船上。當他們成隊扛著一箱箱香菸走上軍艦時，美國大兵還問我們是哪裡來的海軍，怎麼那麼愛抽菸！這些菸後來運回台灣，搬上基隆港碼頭，再避過海關，搬上小貨車，最後交到海蟑螂手裡。聽說每一包三五牌香菸開價十五元，淨賺三倍！

那是我有生以來的首次也是唯一一次集體走私。這些過往之事，如今在軍隊已不被允許，不過在軍中待遇不佳的當年，大家對這些事都睜一隻眼閉一隻眼。

琉球之行則是非常愉快。琉球當時由美國管轄，還沒交還日本，我只記得酒吧非常多。一直到七〇年代，琉球已歸屬日本，主辦海洋博覽會時，我與春梅再度到琉球。

與艦長重逢

一九六八年十二月十四日，我與春梅在台南結婚，當時我還在服役，理論上不能有婚假，但艦長特准。

退役約三十年後，我託人找到王鶴樓艦長。我們與艦長夫婦到台北球場打了一場高爾夫球，吃了一頓飯。王艦長中將退役，有一個兒子在美國加州求學與工作，家庭美滿，是罕見的好軍人。

四、來來來，來台大；去去去，去美國

服完一年預備軍官役後，我和當時的大學畢業生一樣，陷入留在台灣或者出國進修的迷思。

一九六八年到一九七八年的十年期間，台灣出現嚴重的「出國潮」，醫界也是如此。

美國當時嚴重缺乏在醫院照顧病人的住院醫師，一部分可能因為越戰，一部分是美國醫學會（American Medical Association, AMA）有意限制醫學院招生數量，以免將來開業過多，造成惡性競爭。因此，美國在第三世界，尤其是印度、菲律賓、泰國，包括台灣，甚至中南美洲及中東，以ECFMG（Examination Council for Foreign Medical Graduates）測驗，讓外國醫學院畢業生獲得醫師執照，提供在美國醫院的工作資格。

出國潮的國內因素

當時美國即將承認中國大陸，台灣面臨退出聯合國的政治威脅，再加上台灣醫師當時出路狹窄，出國就蔚為風潮。

當時的台大醫院邱仕榮院長認為，台大醫院的住院醫師嚴重不足，住院病人缺乏照顧，因此規定畢業生必須完成一年住院醫師後，才可以申請出國，此舉更引發醫學生畢業後的出國潮。

醫界這種「來來來，來台大；去去去，去美國」的現象，持續幾乎十年之久，直到越戰之後，美國擴充醫學院學生人數，才漸漸消失。另一方面，台灣經濟在七〇年代末期逐漸好轉，生活水準提升，也是出國潮漸淡的重要原因。

踏上出國進修之路

一九七〇年，我完成台大醫院第一年外科住院醫師訓練，申請到美國底特律總醫院（Detroit General Hospital）的外科實習醫師（Straight surgical internship）後，決定出國。春梅當時已在密西根州安娜堡（Ann Arbor）的密西根大學攻讀研究所。

我與同學林俊龍（現為慈濟醫療志業執行長）、黃家興夫婦四人在日本東京會合，一同前往美國。

當時出國進修是一件大事，手續非常麻煩。台灣的政治環境風雨飄搖，身為本省人更自認前途渺茫，大家都認為此行是一去不回，頗有「風蕭蕭兮易水寒」的感慨。當時在松山機場出境，往下走一層樓梯才到達停機坪，那段路走得有點黯淡與傷感，真有「壯士一去不復返」的氛圍。

到達東京，在東京大學進修法國文學的春梅長兄龍雄來接機。在日本期間，我到大阪參觀了萬國博覽會，眼界大開；更令我震撼的是，目睹反對「美日安保條款」民眾的遊行示威；還有「安田事件」——東京大學醫學生反對傳統的教授學閥與「醫局」架構，放火燃燒院長辦公廳。當時台灣還處在戒嚴中，這些所見所聞對我們來說，完全不能想像。

夏威夷之旅

在東京短暫停留後，我們四個人一致認為，到美國工作前應該善待自己一下，決定先到夏威夷度假幾天。

我不記得初履夏威夷時是否對威基基（Wakiki）海灘的美景感到驚豔，卻忘不了我們穿著西裝、結著領帶、戴著眼鏡、背著相機、腳穿皮鞋，走在椰子樹搖曳的細白沙灘上，與大部分穿著泳褲與比基尼的戲水遊客相比，多麼不搭調。我們暗暗決定，如果有人問我們從哪裡來，一定說是日本！

威基基的旅館、餐飲消費昂貴，我們只能吃漢堡配可樂。為了找便宜旅館，我們還特別招來一輛計程車，請司機代找最便宜的旅宿。不料，便宜的旅館都在遙遠偏僻的地點。

林俊龍本就有十二指腸潰瘍，一緊張就會腹痛。他說，看到計程車收費錶每跳一下，他就腹痛一次。七〇年代在台大醫院，我們每月薪水才約新台幣四千元，折合美金一百元。

文化衝擊

我第一次踏上美國本土，是華盛頓州的西雅圖。春梅到機場接我，第一晚借住台南一中高中、台大醫科同學高鷹及陳芳月家；一九七〇年七月一日轉機至底特律，馬上開始工作。

底特律在七〇年代是一個朝氣蓬勃的汽車製造大城，但醫院所在的市中心，卻充滿罪惡與貧窮。

我在清晨上班，常要踏過躺在醫院門前的宿醉人群。因為是市立醫院，病人絕大部分是黑人與沒有醫療保險的白人。我記得，第一晚值班就有兩個腎臟移植後的末期病人死亡。這一年，我面對與台大醫院完全不一樣的文化與思維，受到巨大的衝擊。

半年後，我開始申請韋恩州立大學（Wayne State University）的神經外科住院醫師，雖然被接受了，但該訓練計畫卻因腦瘤手術案例不足而暫時中止，這對我的外科生涯是嚴重打擊。當時進入其他外科次專科的機會很少，我又堅持不放棄外科，所以與春梅商議後，決定回台灣，繼續台大外科的住院醫師訓練。

漫遊歐洲一個月

此時春梅已經完成碩士學位，在回台前，我們有一個月的空檔假期。那時出國一趟非常不容易，春梅找到一本美國學生常用的旅遊書《一天五美元遊歐洲》

（*Europe on five dollars a day*），我們於是決定到歐洲自助旅遊一個月。

春梅全權安排行程及食宿，我們經英國、法國、德國、奧地利、義大利、希臘、以色列、印度、泰國，再回到台灣；有時借住台灣留學生的宿舍，有時住在簡陋的B＆B（Bed and Breakfast）。那時春梅正懷著長女昱欣，可見她的堅強性格、遇事之勇於承擔。

這次旅遊對我往後人生影響極大，除了看到不同的風景、人情與民族，還有一些奇遇趣事。

在英國，我們參觀了倫敦郊外的溫莎城堡，被溫莎公爵與辛普森夫人的戀情感動；在奧地利維也納，參觀一座噴泉城堡花園時，遇到一位退休的美籍猶太裔病理醫師，他極力勸我們不要去埃及，改到以色列觀光；入境以色列時，我們受到嚴格的安全搜查，因為當時日本赤軍連恐怖份子在以色列機場引爆炸彈，抗議以色列的七日戰爭。

在希臘雅典，我們於一處圓形劇場遺跡中觀賞露天表演時，遇到一位可愛的日本青年。他英語不太好，卻非常健談，斷斷續續告訴我們，他是作家三島由紀夫的嫡傳弟子。三島由紀夫是日本著名作家，後來切腹自殺，抗議美軍占領日本。這位青年感慨，日本人已成為經濟動物（Economic Animal），日本喪失了國魂。

護照遺失的插曲

我們飛抵泰國曼谷，春梅才發現，護照掉在之前過境轉機的印度新德里機場，因此無法入境；等到日航把護照送到曼谷後，又發現沒有泰國簽證。

之前在美國時，駐美泰國領事館告訴春梅，美國入境泰國不必簽證，所以我們沒有事先申請。無可奈何之下，我們只好打電話給台灣駐泰領事館，領事館派來一位外事人員，由他保證，我們才得以入境三天。

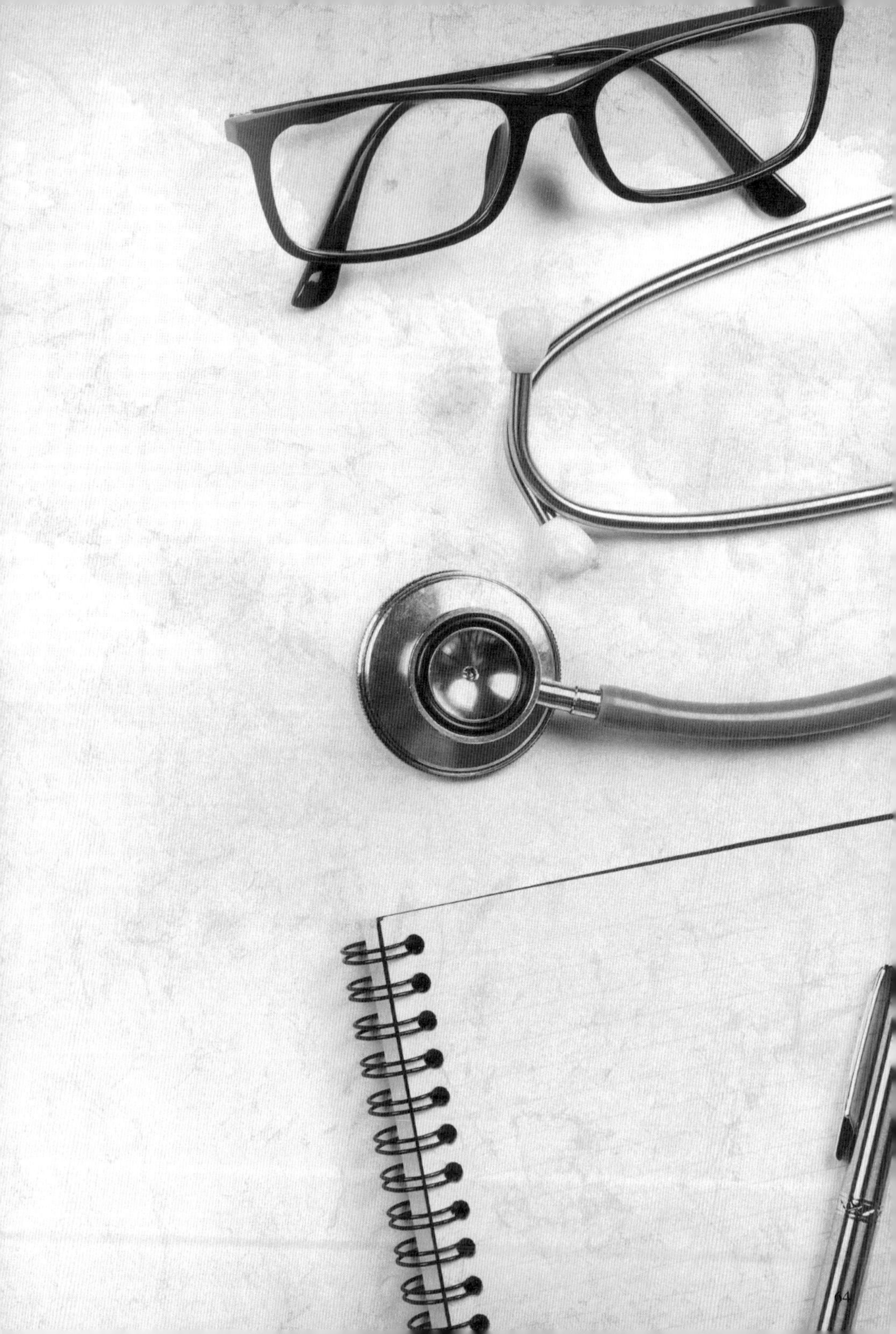

第二部——外科醫師的成長與修練

一、一位外科醫師的養成

離開台灣，在美國底特律待了將近一年，又漫遊歐洲將近一個月，我在一九七一年七月一日，就以全新的態度，進入真正的外科訓練。

台灣外科制度的發展

當時的台大醫院外科主任是林天祐教授，他是世界聞名的肝癌肝臟切除手術權威，他的「Finger Fracture Hepatectomy」及「Hepatectomy Clamp」（Lin's Clamp）在日本與美國都是鼎鼎有名。

六〇年代至七〇年代，是台灣外科發展的全盛時期。當時的台大外科，保留了日本「醫局」由教授決定一切的制度，還有許多明星級醫師與教授，直到七〇年代以後才漸漸開始有杜克大學（Duke University）的外科訓練模式，即第一年到第四年住院醫師，最後成為總住院醫師的漸進訓練制度。

見識紅包文化

不過，當年台大外科有「紅包」問題，我們管它叫「あひる」（ahiru），日語是鴨子的意思。那時候民風純樸，病人很多是鄉下農家，一方面受日本傳統影響（據說送鴨子是尊敬的表示），一方面是經濟能力有限，只能送活生生的鴨子給醫生，表達對醫生最崇高的感謝與敬意。

然而，儘管「紅包」本身並非洪水猛獸或萬惡的源泉，可是一旦越界，便可能嚴重影響醫病關係。

我在台大醫院幾近六年，看到不少「紅包」引發的悲喜劇。有一位非常有前途的主治醫師，曾經收了「紅包」，但病人術後出血死亡，新聞大肆報導，他也因此失去擔任院長的機會。

從住院醫師到主治醫師

台大外科四年的住院醫師期間，並沒有一套「訓練計畫」，必須自己把握機會。因此，第一年時，我們都會盡量搶開幾個「闌尾炎」。到了第二年住院醫師（R2）期間，則有所謂「Margen會」，當R2開了第一個次全胃切除手術（Subtotal Gastrectomy），便要宴謝總住院醫師（Chief Resident, CR）。

擔任總住院醫師的一年裡，是外科訓練最重要的時期。他們白天是住院醫師的總管，負責每一位住院醫師的工作派遣，晚上值班則代表外科主任，權力非常大；值班時，幾乎什麼手術都可以做，從頭開到腳，從一般外科、神經外科到骨科。此外，他們還需要會診病人，並教導住院醫師及實習醫師。

做完總住院醫師，才是真正完成住院醫師訓練，成為一個可以獨當一面、「成熟」的外科醫師。

良師益友影響一生

在我擔任四年外科住院醫師、兩年兼任主治醫師期間，曾接受幾位台大外科重量級老師指導，包括：心臟外科的洪啟仁、胸腔及移植外科的李俊仁、一般外科的陳楷模。他們三位剛好是同班同學，是台大外科的支柱。

在住院醫師訓練中，有時十分受上、下屆或同班同學影響。我的同班同學許信夫在完成第三年住院醫師訓練後出國，在美國重新開始外科訓練，後來在美國執業，開設耳鼻喉科。

他在出國前把他自備的幾件很精細的外科器械送給我當紀念（參閱第五頁

圖），而他這種力求完美的精神，影響了我一生對外科的執著。

許信夫是一位追求完美而充滿熱情的人，在外科住院醫師時期就拜託其他住院醫師，如果在急診處遇到臉部撕裂傷的病人，務必通知他。為患者縫合時，他甘願花幾個鐘頭，拿著器械仔細縫合，而不是粗枝大葉，讓病人臉上永久留下難看的疤痕。

決心從事小兒外科次專科

做完總住院醫師後，我在台大外科又擔任了兩年兼任主治醫師，也是在這段期間，我決定要從事小兒外科的次專科。

我記得，有一天晚上值班時，碰到一例「先天性食道閉鎖合併食道氣管瘻管」的新生兒病人，我決定要在半夜開刀。當手術進行到「肋膜外手術」（extrapleural approach）時，有點慌亂——我突然發現，當時剛從哥倫比亞大學桑杜利（Thomas

V. Santulli）與史林格（Schillinger）醫師處訓練回國的陳秋江醫師站在背後。他沒有刷手[4]，只是站在我的背後，一站就是幾個鐘頭，很有耐心地指導我完成手術。

陳教授一生忙於在台大、馬偕、婦幼等醫院指導手術，非常忙碌。一九九五年時，因耳痛及耳朵出現分泌物，發現是中耳炎，在台大耳鼻喉科做手術。切除的組織送病理檢查時，偶然發現外耳道皮膚癌，經重新手術擴大切除範圍後，還需要進一步接受放射治療。

陪同陳秋江醫師前往紐約

當時的長庚醫院放射治療科的林芳仁主任，出身紐約史隆凱特靈紀念醫院（Sloan Kettering Cancer Memorial Center），他推薦陳教授前往該院治療。我在

注

4. 指手部的消毒動作。

一九七七年於長庚醫院擔任小兒外科主任時，也曾在那裡做了三個月的小兒腫瘤外科學（Pediatric surgical oncology）研究員，對該院有點熟悉，因此便陪同陳教授前往。

我記得，在紐約史隆凱特靈紀念醫院前的一間咖啡店裡，我們曾經看著東河（East River）流過眼前，心中有無限感慨。陳教授回顧了不少「外耳道皮膚癌」文獻，他堅持再前往波士頓哈佛大學的眼耳醫院（Eye and Ear Infirmary）向一位王姓醫師求診。我們兩人與王醫師素昧平生，就這樣從紐約前往波士頓。人生地不熟，只能在門診苦苦等候，而最後也沒有滿意的結論。

深刻的忘年之誼

那段經歷，奠下我們的忘年之誼。

陳教授在一九九八年時，從美國長島探視女兒回台，在家裡浴室突發腦中風，送往台大醫院；經腦部手術取出血塊，但從此半身麻痺，必須以輪椅代步。沒想到，二〇〇二年，我接任署立桃園醫院院長布達式中，他坐著輪椅，從台北趕至桃園參加，讓我熱淚盈眶。

然而，中風後十年，自二〇〇八年舊曆新年起，他開始意識不清。我與陳夫人送他到台北醫學院附設醫院住院，幾天後陷入昏迷。我看著他在電話中一一與在美國的幾個女兒告別，隨後便離開人世。

二、匹茲堡一年的忙與盲

完成住院醫師及總住院醫師的訓練，好像什麼都懂，又似乎不完全懂。之後，我在台大醫院擔任兼任主治醫師，每星期必須去中壢的新國民醫院兼差兩次，以養家糊口。

做了兩年兼任主治醫師，漸感不知何去何從。我盲目地寫了幾封求職信，寄給美國一些兒童醫院的小兒外科主任。

終於，在某個半夜，接到匹茲堡兒童醫院（UPMC Children's Hospital of Pittsburgh）基塞韋特（William B. Kiesewetter）主任的電話。他與我交談後，錄取我為小兒外科臨床研究員（Fellow），並給予我相當於第五年住院醫師的薪水。

基塞韋特主任要求我到匹茲堡前，前往瑞士琉森的琉森兒童醫院（Lucerne Children's Hospital）拜訪舒禮（Alois. F. Schärli，一九三四年～二〇一八年）教授，學習他正在進行的胃蠕動研究計畫。

舒禮教授曾在美國進修，是基塞韋特的學生，他後來創辦歐洲《國際小兒外科》期刊（*Pediatric Surgery International*）並擔任主編。我在長庚兒童醫院擔任副院長時，曾邀請他來台灣當客座教授。他是一個好人，卻是個大菸槍，二〇一八年因肺癌過世。

大開眼界的瑞士之旅

一九七五年七月，我告別太太與女兒，單獨一人繞了半個地球，經由新加坡到達瑞士琉森。我對該小鎮之美、兒童醫院之精緻，以及已開發國家對待兒童的態度，有了深刻體會，並大為震撼，也首次對「已開發國家」有了具體而實質的認識。

七〇年代的歐洲小兒外科醫師，所負責的手術範圍包含從頭到腳，是真正的「外科醫師」。我參觀了舒禮教授一整天的手術，包括：開腦、巨大結腸症及骨科手術，並花了一個下午看食道與胃的蠕動實驗。他中午請我一起在院內醫師餐廳吃午餐，我們就穿著手術衣吃烤牛肉，每人餐盤上還有一瓶紅酒！

我利用在瑞士的空檔，也順道拜訪幾位以前在台大醫院手術室結識，而現在在小鎮醫院工作的護士。這些護士，有些人返台後，成為現在「台大醫院老友會」的成員。

繞地球一周的航程

從瑞士的蘇黎世飛過大西洋，到紐約甘迺迪機場住一晚，隔天再從拉瓜迪亞機場（LaGuadia Airport）飛往賓州的匹茲堡，我幾乎繞了地球一圈。

匹茲堡曾是美國有名的鋼鐵城，汙染嚴重，號稱「煙霧之都」，但現在已大為改善。城內除了匹茲堡大學，還有卡內基美隆大學（Carnegie Mellon University）。基塞韋特曾邀我一同「聽」卡內基美隆話劇社的話劇公演，當他與其他觀眾不時大笑，我卻一臉茫然——欣賞英文對話與笑話並不簡單，除了英文外，還必須瞭解時事背景。

他也買了整季美式足球聯盟（NFL）的門票，並把不要看的場次送給住院醫師。我在三河體育場（Three River Stadium）看了幾場，養成日後對美式足球的愛好，有時還可以跟美國醫師打賭一番。

破繭而出，化蛹成蝶

在這一年裡，我將脫繭而出、化蛹為蝶，變成羽翼漸豐的小兒外科醫師。

匹茲堡兒童醫院是匹茲堡大學醫學院的教學醫院之一，聲名雖不如費城兒童醫院（Children's Hospital of Philadelphia, CHOP）響亮，卻是賓州西半邊兒童醫療重鎮。以小兒外科而言，就有五位醫師，另有強大的小兒泌尿外科。

有些科別的醫師，是匹茲堡兒童醫院與匹茲堡大學醫學中心（UPMC Presbyterian Hospital）合聘，所以當時的外科部主任是心臟外科先驅布萊洛克[5]的學生，鼎鼎大名的巴恩森（Henry T. Bahnson，一九二〇年~二〇〇三年）。

我擔任小兒外科臨床研究員的這一年，和美國的哈里遜（Marvin Harrison）醫師、奈及利亞的阿格曼（Agman）醫師一起值班，每三天輪班一次。

當時除了照顧二到三十位住院病人，還要負責小兒外科的急診會診。因為需要直接照顧病人，所以要先到賓州州政府所在地哈里斯堡（Harrisburg）接受連續三天的聯邦醫師執照考試（Federation Licensing Examination, FLEX）。我很幸運能順利通過考試，拿到執業執照。

另外，我雖是小兒外科臨床研究員，也在馬吉婦女醫院（UPMC Magee-Womens Hospital）的新生兒加護病房，接受一個月的新生兒科訓練。當時大家很注意「新生兒壞死性小腸結腸炎」（Necrotizing Enterocolitis, NEC）的成因及治療，但我在台灣似乎沒聽說過。

儘管我已經在台大醫院完成外科訓練，仍有幾次因腹股溝疝氣及闌尾炎診斷有誤，被主任叫到辦公室裡責罵。直到現在，我想到這些經驗還是覺得臉紅，但也因此學到兒童病理學檢查及診斷的真髓。

站在巨人的肩膀上

在這一年，我學會如何正確、有效而簡單地治療兒童腹股溝疝氣，也觀摩如何施行巨大結腸症手術。

我很幸運，能看到西柏醫師（William K. Sieber）施行「直腸黏膜剝離—結腸

注

5. Alfred Blalock，一八九九年～一九六四年，布萊洛克—托馬斯—陶西格分流術（Blalock-Thomas-Taussig shunt）發明者之一。

於直腸肌鞘拖出切除術」（Soave's procedure，又稱Soave氏手術）、蘇卡羅查納醫師（Dr. Sukarochana）施行「拖出型直腸乙狀結腸切除術」（Swenson's procedure，又稱Swenson氏手術），以及基塞韋特醫師施行「結腸切除—直腸後結腸拖出術」（Duhamel's procedure，又稱Duhamel氏手術）。

除了醫術的精進，我在精神面也獲益良多。小兒外科的維納主治醫師（Eugene S. Wiener），是一位很細膩的外科醫師，我從他身上學到在手術時對組織的尊重。

此外，基塞韋特讓他的住院醫師每年選擇一個年會參加，並給予公費及住宿費補助，其中包括美國外科醫學會。

在匹茲堡的那一年，是我生平第一次參加美國外科學院年會（Clinical Congress of American College of Surgeons）。在芝加哥麥考米克廣場會議中心（McCormick Place）舉行的年會，讓我大開眼界。

參加會議的人數達數千人、甚至萬人，會場非常多。我對新創意討論會（New Innovation Forum）印象深刻，尤其年輕外科醫師勇於發表新觀點，讓我頗為震撼。

會場的商品展示很吸引人，推銷員表現出對醫師的尊敬，送的小禮物也頗為精緻可愛。

結束海外修業

一年很快就在忙碌中過去。我有在隨身的小記事本記載臨時感受的習慣，一九七六年七月一日我在小冊子裡寫了一句話：「感謝老天，一切終於結束了。」（Thank God, it's all over.）

那年，我的收穫雖多，但因太忙碌而並不快樂。另一方面，回台後我拜會當時的台大外科主任許書劍教授，他在信義路居所附近的餐廳請我吃飯，告訴我小兒外科已有由日本東北大學歸國的陳維昭博士升任專任主治醫師。換言之，我回台灣後無法繼續留在台大，必須另覓出路。

三、開展外科生涯，喜見醫界伯樂

七〇年代至八〇年代，台灣靠著勞力密集的中小企業創造了經濟奇蹟，與南韓、香港、新加坡並稱「亞洲四小龍」。這段期間，民間經濟實力起飛，經營有成的企業家也開始思考如何回饋社會。

長庚紀念醫院是台塑關係企業董事長王永慶在一九七六年十二月一日所創辦。一開始，是位在敦化北路靠近長春路口的一棟八層樓白色建築，一直等到七年後，一九七八年，才在桃園龜山一片不毛之地建立了後來約兩千床的林口醫學中心。在台北與林口的長庚醫院，我展開了醫療、教學與研究的外科生涯。

無論是家庭或醫療，我一生中最重要的二十七年，與長庚醫療體系息息相關。

長庚沒有台大醫院的傳統包袱，王永慶董事長有一套企業管理理念，又有相當財力，可以放手做巨大改革。

專業管理，蓄積台灣醫療能量

醫院首重醫師人才，當時台大人事已飽和，一群訓練完成而又「無所事事」的年輕兼任主治醫師，其薪水及工作環境均不理想。籌設長庚醫院的主要負責人張錦文先生很有眼光，吸收這批人才，成為日後長庚體系發展的骨幹。

這些人，包括：日後成為院長的張昭雄、陳敏夫，後來當選中央研究院院士的廖運範，還有新陳代謝科黃妙珠、放射腫瘤科蔡春泉、骨科施俊雄、心臟血管內科李英雄等。我則在一九七六年七月上任，成為唯一一位小兒外科主治醫師。

這批台大兼任主治醫師，再加上羅慧夫、范宏二、蔡鈺銓等馬偕醫院轉來、較資深的主治醫師，簡直如虎添翼。更重要的是，還有一批「鮭魚返鄉」的留美醫師，包括：心臟內科吳德朗與洪瑞松、小兒科洪悠紀、神經內科朱迺欣、放射腫瘤科林芳仁、病理科郭承統與孫建峰等。這三股來自不同背景的主治醫師，匯集能量，開拓了長庚的醫療實力，也扮演台灣醫界的改革力量。

長庚醫療體系的建立，為日後的「全民健保」奠定基礎，也創造所謂台灣的「醫療奇蹟」；另外，羅致這些學有專長的留美醫學人才，返鄉貢獻其所學，大大減少了台灣六〇年代「人才外流」（Brain Drain）的可怕衝擊。王永慶董事長的長庚醫院，確實對台灣有非常大的貢獻。

大力改革，除去「紅包」陋習

長庚紀念醫院前十年的行政管理，給了我們很大的激勵與協助。王董事長堅持，醫師應盡心盡力看病，住院及醫療費用的管理雜事，由行政人員全權負責，醫師不必分心。特別是一些行之有年，造成病人，尤其底層病患極大困擾的制度，例如：取消各科總住院醫師各自為政，採用制度化的管理；取消住院保證金制度及鋪保制度，亦即住院病人必須尋求兩家有商業登記的店鋪擔任保證人的規定。

另外一件重要的改革，是開創全台首例，公開實施論量計酬（Fee-for-service）制度，就是醫師全力看診，向病人收費而獲取報酬。據我所知，到底醫師應有固定薪資或採取醫師費制度，在美國也是爭議不斷，已達百年之久。

醫療畢竟不是商品，不能完全如企業以績效掛帥。長庚體系以診療收入、年資、行政、教學與研究各占若干比例計算薪資，其計算不免有爭議，但總是在不完美之下取得的最大公約數。後來加入「上限」規定，即依年資及職務設立最高每月所得，超過上限的收入，歸入「主治醫師超限基金」，做為主治醫師退休、出國參加醫學會議之補助，或者其他福利。

我提到這個制度，目的在讚揚長庚紀念醫院在初創十到十五年內，把我個人痛恨的醫療陋規，也就是所謂「紅包」摧毀。如果紅包及床位不足的問題沒有解決，台灣就不可能存在令人欽羨的醫療奇蹟——全民健保。

四、投入志業，勇於挑戰

我記得，到長庚醫院第一年，保障薪資每月五萬元左右。當時小兒外科病人不多，而且那時只有公務員保險及勞工保險，孩童沒有任何保險；但在長庚醫院這個舞台背景下，我們這群初生之犢心無旁騖，全力做好自己分內的醫療工作，長庚醫院也聲譽日隆，病患人數急速上升。

引進疝氣手術不住院觀念

我上任後，開始提倡腹股溝疝氣的不住院門診手術，也就是我從匹茲堡兒童醫院學來的「Day Care Surgery」。病童只要在當天前往手術室特別等候室，經麻醉醫師評估後即可施行手術。手術約三十分鐘完成，病童在手術恢復室待全身麻醉甦醒後，若進食順利，就可回家，過程約二至三小時。

術後病童不必住院，不必害怕陌生的環境與醫護人員，又降低院內感染機會；父母親不必放下工作，也減少住院費用負擔。這在台灣算是創舉，因為當時民眾普遍認為，開刀與全身麻醉一定要住院。

能夠成功做到，我必須感念麻醉科主任譚培炯的配合，沒有他的協助，就沒有不住院門診手術。

麵包與奶油

因為疝氣不住院手術廣為流傳，小兒外科病人日漸增多。在我接近三十年的小兒外科生涯中，每年疝氣手術曾達一千八百例。這些醫療收入，在長庚醫院的制度下，小兒外科可以聘用五位主治醫師，讓我們有餘力做一些極為重要的先天性疾病手術。我常說，疝氣手術是小兒外科的麵包與奶油[6]，又像是日本人的米飯與味噌湯。

一副湯匙，傳承師生情誼

孩童進行腹股溝疝氣手術，只須做疝氣袋高位結紮，為了避免傷害到睪丸血管與輸精管，我在長庚推廣使用「疝氣匙」（Hernia Spoon，即 Denis Browne spoon）。這種「疝氣匙」據說是蘇格蘭小兒外科前輩布朗醫師（Denis Browne）某次下午茶時突然想出來的靈感。在匹茲堡兒童醫院，所有主治醫師實施疝氣手術時都使用疝氣匙，我認為它很有用而且有趣。

蘇卡羅查納（Kam Sukarochana）是我在匹茲堡兒童醫院學習期間的資深主治醫師，他在我完成小兒外科訓練即將回台時，按照傳統，要我到醫院餐廳「偷」一大一小，且刻有院名簡寫（C.H.P）的兩把湯匙。他親自做成「疝氣匙」送給我，我在長庚三十年的疝氣手術生涯中都還使用它呢！

蘇卡羅查納是泰裔，畢業於泰國最好的醫學院，在匹茲堡娶了當地的美國護士。他早年是我的老闆基塞韋特教授的學生，後來成為我老闆的同事，而他也是我的老師兼好朋友，每次回泰國探親途經台北時，都會來探視我。

一九九五年十二月十九日，蘇卡羅查納寄來一封信與一個包裹，信中說：

哲男：

隨函附上一張九十年前匹茲堡的相片。我曾經告訴過您，這是一張複印再複印的相片，所以品質並不理想。相片的黃色指標[7]是可以拿掉的。

隨後所送的另一包裹，會有一套疝氣匙。那是用匹茲堡兒童醫院餐廳的湯匙所製成，距離現在至少有三十年時間，如今已不復見。我在兒童醫院的整個生

注

6. bread and butter，英文俚語，譬喻生活中最基本的事物。
7. 指標指的是三河運動場，Three River Stadium。

涯，都用這套湯匙做手術。

我把這套器械交給您，因為您是我的好朋友及好同行。

祝福您及您的醫業興隆，讓更多的台灣孩童因您的技術而獲益。

附注：較小的湯匙用在早產或較輕的嬰孩。

這封信讓我非常感動（我將信件原文放至本章末，有興趣的讀者可參閱）。因為師生一場的緣分，他把一組用了三十年的手術器械，以傳承方式送給遠在太平洋彼岸的台灣醫生。我把它精裝裱褙，並在下面加注，掛在我辦公室牆上最明顯的位置（參閱第三頁上圖）。

以培植人才為己任

小兒外科病例日益增多，嚴重度也增加，我的目標是培育更多的小兒外科醫師。先後加入者有長庚外科訓練完成的陳肇隆、王桂良，由台大外科來的莊錦豪、陳正昌，以及由馬偕來的賴勁堯等。

陳肇隆由我介紹到加拿大多倫多兒童醫院（The Hospital for Sick Children）跟隨費勒（Robert M. Filler）做小兒外科研究員一年，後來轉到匹茲堡大學，追隨剛由科羅拉多大學丹佛分校（The University of Colorado in Denver）轉到匹茲堡的肝臟移植大師史達策（Thomas E. Starzl，一九二六年～二〇一七年）。

陳醫師後來在林口長庚醫院成功施行亞洲第一例肝臟移植，成就輝煌，除了是肝臟移植泰斗，還曾擔任高雄長庚醫院院長。

莊錦豪醫師則前往加拿大麥吉爾大學（McGill University），跟隨我的前輩、心臟外科教授邱智仁，得到實驗外科碩士學位。他除了負責高雄長庚醫院研究及教學工作外，亦曾擔任該院副院長及代理院長。

王桂良醫師則由我介紹到好友潘尼亞（Alberto Peña）醫師服務的的美國長島施耐德兒童醫院（Schneider Children's Hospital）[8]，學習我最看好且認為很重要的「無肛症」手術。

王醫師與潘尼亞醫師亦師亦友，深諳無肛症手術箇中三昧，回台後給予我非常多的協助，不但做了一例肝臟移植，更做了一系列無肛症的「後矢狀面直腸肛門成形術」（Posterior Sagittal Anorectoplasty）。

王醫師是天生的好外科醫師，可惜他因家庭因素離開長庚醫院，自行開業，現在是一家很成功的抗衰老診療事業機構的院長。

引以為傲的無肛症治療

「無肛症」的手術治療是我最引以為傲、自認稍有成就的小兒外科手術。我在長庚的門診中，每天都會有五至十例的「無肛症」病童。

肛門是上帝的傑作，因為肛門不只是一個開口，它必須有「排便節制能力」（Continent），不能失禁。手術不可能做到上天那麼完美，術後的肛門或多或少都有排便失禁問題，要長期以各種藥物、飲食或灌腸來降低失禁困擾。

八〇年代潘尼亞醫師在墨西哥的墨西哥市所開創的「後矢狀面直腸肛門成形術」，令我情有獨鍾，認為那是一項重大突破的小兒外科手術。

一九八二年，我在《小兒外科期刊》（*Journal of Pediatric Surgery*）讀到這篇論文，眼睛為之一亮而且非常贊同。

未去成的墨西哥

潘尼亞醫師在論文中強調，這種術式的學習，必須親自刷手參與開刀，才能體會其中精髓。我當時年輕，富有衝勁，就寫了一封信給當時在墨西哥一家軍醫院工作的潘尼亞醫師，表明我要參觀及刷手參與的意願。

經過一段時間，才收到潘尼亞醫師親筆寫在一張粗糙紙張的回函。他非常歡

注

8. 現已更名為柯恩兒童醫學中心（Steven and Alexandra Cohen Children's Medical Center of New York）。

迎我到墨西哥市，但因為墨西哥很窮，很抱歉無法替我負擔任何費用。我又寫了一封信表示感謝，並問要如何到他工作的醫院。

我現在已經找不到那幾封信，但我記得，他說：

問任何一個機場外的計程車司機，他就會載你到我在的地方。

Ask any taxi driver outside the airport, he will take you to my place.

後來，我因故沒去成墨西哥。但是，我一直想，哪有人如此驕傲！墨西哥市畢竟是個兩千萬人口的混亂城市，找一個人就像大海撈針，怎麼可能隨便一個計程車司機都知道他？

後來他移民美國，在長島的施耐德兒童醫院擔任小兒外科主任，每年舉辦兩次無肛手術工作坊，實際傳授及推廣「後矢狀面直腸肛門成形術」。王桂良醫師在那裡做了一年研究員，並在工作坊中擔任助教。

立竿見影的幽門狹窄手術

在所有小兒外科手術中，我偏愛「嬰兒肥厚性幽門狹窄」（Infantile Hypertrophic Pyloric Stenosis）。

罹患此症的嬰孩，在三、四個星期大時，在餵乳後不久會有大量而有力的噴射狀嘔吐。現行的超音波檢查很容易在病童胃幽門部發現肥厚性腫塊，外科手術只須把肥厚增生的環狀肌肉打開，也就是橫切面看時由O型變成C型，就能立刻緩解幽門的狹窄。病童在術後幾個小時，即可漸進餵乳，是小兒外科效果立竿見影的手術。

我在匹茲堡時，曾購置一套「班森幽門狹窄撐開器」（Benson Pyloric Stenosis Spreader），在長庚醫院使用了三十年。班森是密西根兒童醫院（Children's Hospital of Michigan）外科主任，他發明這個器械，讓切開幽門的環狀肌肉時，不致傷及黏膜層而引起胃或十二指腸穿孔，讓手術更加安全。

令人動容的醫病體驗

小兒外科手術的對象，有一部分是先天性畸形，理論上只要不是非常嚴重者，都可經由手術得到相當的緩解，甚至痊癒。我在三十年的外科生涯中，曾有不少令人感動的病例。

魏小妹是個客家女孩，來長庚看診時已一歲大。我沒看過她的母親，每次看診都是由父親帶來。父親說女兒出生時罹患「先天性食道閉鎖」，在某大醫院做過食道與食道吻合手術，但吻合處不幸滲漏，因此把近端食道接出，在頸部做成食道造瘻，並做了胃造瘻，一年來都經由胃造瘻人工灌食。她雖然體重有點不足，但整體發育不錯。

我花了三個小時，耐心地把非常嚴重的纖維化沾黏解開，重新把食道再做吻合。兩個星期後，她試著從嘴巴進食，漸漸停止由胃造瘻強迫灌食。門診追蹤時，她吃著糖果，一臉幸福的表情，讓我動容。

她一生中可能還沒有吃過這麼好吃的東西呢！而她的父親，本就患有「口吃」，說話不是很清楚，但我看見他眼中含著淚珠，一直想講出心中的感激，而口吃就更加嚴重。

跨越三十年的生命奇蹟

一九八〇年的某一天，我剛好經過台北長庚醫院急診處，一位小兒科醫師攔下我，請我看一下一個一歲多的男孩，陳小弟。

陳小弟已經有好幾次送到急診處，每次都是大哭之後停止呼吸，全身發紫；在急診處給予氧氣後，便會慢慢甦醒，大約半小時後恢復正常，但整個過程讓陳小弟的父母震驚且憂慮。

小兒科醫師告訴我，前幾次都將陳小弟的症狀診斷為「暴發脾氣」（Temper Tantrum），就是脾氣一發作，就不呼吸，甚至造成紺紫現象。

我當時並不很在意地指示：「那就先照胸部X光，要有前後照（AP view）及側拍照（Lateral view）。」[9]不久，我在六樓辦公室接到電話，影像診療科與小兒科醫師都說，陳小弟的胸腔中膈有一顆腫瘤，我判斷是縱膈腔畸胎瘤（Mediastinal Teratoma）。腫瘤很大，周圍又有很多大血管，開刀有一定的難度與風險，但手術切除是唯一選擇。

當時長庚醫院的歷史不久，我也只有四十歲；陳小弟的父親是大學教授，母親是護專老師，都是學有專長的知識份子。我告訴他們，陳小弟需要開刀治療，我想他們也很猶豫。幸運的是，縱膈腔畸胎瘤絕大多數是良性，完全摘除後，有良好的預後。陳小弟術後恢復迅速，順利出院。

陳教授夫婦成為我三十多年的朋友，我們多次聚餐，相談甚歡。有一次陳教授告訴我，在陳小弟手術前，我曾說手術的成功率是五〇%，這句話讓他們在手術室的家屬等候區煎熬了人生最痛苦的三個小時。成功率五〇%，是外科醫師沒有把握的藉口。

陳小弟在二〇一三年結婚，邀請我參加他的婚宴，並送我一本他的大作《美國的台灣海峽政策：策略性模糊的原由》（*US Taiwan Strait Policy: The Origins of Strategic Ambiguity*）（參閱第六頁圖）。他在內頁寫著：

林醫師：

我非常感激您的救命之恩。如果不是您在三十三年前救了我，就沒有這本書。祝福您及您的家庭。

二〇一三年七月八日

Dear Dr. Lin,

My life owes to you and I am most grateful to you. This book cannot be completed if you did not save my life 33 years ago. Best wishes to you and family.

Sincerely yours,

July 8, 2013

陳小弟畢業於加州大學聖芭芭拉分校國際關係系，現在是紐澤西州一間很有名大學的政

注

9. 當時電腦斷層攝影還不普遍。

治系教授。每次我對人生感到頹喪時，想起這段因緣，就會重新振作起來。有多少人能夠有機會經歷這種人生奇蹟！

跨足學術，成立長庚醫學院

長庚醫院在創院後十年間快速成長，在醫界引起極大震撼，也引起不少批評，甚至惡意誹謗。但長庚醫院吸引各方人才，包括台大、北醫、高醫與中國醫大的許多畢業生，打破「純種」的迷思。不過，我們一直建議王董事長，長庚醫院的長遠之計還是在於成立自己的醫學院，不只是培養自己的子弟兵，而是醫院的進步，必須有醫學院學術的支撐。

終於，在創院十一年後，一九八七年，長庚大學醫學院成立，地點臨近林口的國立體育學院（國立體育大學前身）。這是我們一群台大出身醫師的共同願望。

舉辦國際研討會

我個人為慶賀長庚大學醫學院成立，也在一九八七年十一月四日至七日，舉辦了一場至今仍引以為傲的「國際小兒外科學術研討會」，並邀請到「無肛症之父」潘尼亞醫師實施手術示範。

這場研討會邀請到許多位國際級醫師來台，例如：

西柏醫師（William K. Sieber），是我在匹茲堡兒童醫院時的小兒外科臨床教授。

費勒醫師（Robert M. Filler），是加拿大多倫多兒童醫院小兒外科教授及主任。

科蘭醫師（Arnold G. Coran），是美國密西根大學小兒外科教授及主任。

阿特曼醫師（R. Peter Altman），是美國哥倫比亞大學小兒外科教授及主任。

龔薩雷茲—克魯西醫師（F. Gonzalez-Crussi），是美國西北大學病理學教授，也是我台大醫學院同班同學薛維的丈夫。

阿姆雷醫師（Raymond A. Amoury），是美國堪薩斯兒童醫院（Children's Mercy

Kansas City）小兒外科主任，也是台大心臟外科洪啟仁教授在哥倫比亞大學長老教會醫院的總住院醫師。

申陶醫師（Htut Saing，音譯），則是香港大學小兒外科教授及主任。

高手雲集龜山小鎮

研討會在林口長庚紀念醫院新落成的第一會議室舉行，由張昭雄院長致開幕詞，台大外科陳秋江教授介紹當時台灣小兒外科發展的概況，我則以會長身分報告長庚醫院小兒外科的現況與未來之展望。與會的許多日本外賓都感到驚訝，我竟然可以邀請到這麼多小兒外科檯面上的重要人物，聚集於龜山小鎮（參閱第三頁下圖）。

王董事長偕夫人於十一月五日晚上，在長庚高爾夫球場俱樂部設宴款待來賓，並在宴會中致詞，對與會來賓的學術成就，尤其是「幼吾幼以及人之幼」的崇高心胸表示十分欽佩。我記得張昭雄院長請我即席翻譯，這句話我還能相當傳神地當場英譯，連自己都覺得不可思議。

「無肛症之父」的大師風範

更精采的，是十一月四日至六日在林口長庚醫院手術室，由潘尼亞醫師親自示範三例高難度的高位無肛症矯正手術。

潘尼亞醫師大我兩歲，當時正是經驗豐富而衝勁十足的四十九歲。他深夜由王桂良醫師接機抵達台北，十一月三日在我陪同下，在林口長庚醫院診視三位無肛症病童：一位是八個月大，無肛症合併直腸陰道前庭瘻管的小女孩；一位是四歲大，先天性泄殖腔（Cloaca）異常的女孩；另一位是一歲三個月，無肛症合併直腸膀胱瘻管的小男孩。潘尼亞醫師逐一詳細檢查病人，並對家屬做了詳盡的解說。

手術示範時，參觀台上約有五十幾位醫師，手術室內則約有十幾位醫師圍著手術台，站在高腳凳上直接觀看，並隨時提出問題。

這些觀看手術示範的外賓來自世界各國，包括：美國、日本、南韓、印尼、印度、香港、新加坡等地。許多日本的教授都是第一次看到潘尼亞醫師的無肛症手術，他們一再向我道謝舉辦此次的手術示範工作坊。

我的老師西柏醫師，本身是一位手術技巧非常好，而且很有經驗的外科醫師，他告訴我：「潘尼亞醫師是極有技術的外科醫師。」（Dr. Peña is such a great skillful surgeon.）事實上，潘尼亞醫師的細膩技術及對解剖構造的尊重，也是我外科生涯效仿的對象。

初生之犢有話直言

在長庚醫院服務的前十幾年，我有不少機會受邀前往台塑大樓十三樓的招待所，或者到王董事長家晚宴。

王董事長與夫人是很好的主人，讓人有賓至如歸之感。我記得喝了不少王董事長珍藏的中國大陸「五糧液」白酒，甚至學會了如何鑑別真正的五糧液酒——把酒瓶倒立，看看瓶底是否呈現一個氣泡。不過，聽說台塑企業主管最怕這種宴會，只有長庚這些醫師們，做為初生之犢，可以自在地發言。

每次餐敘，大都是經由張昭雄院長邀約，我覺得他是讓宴會順利進行的關鍵人物。這些宴會上，王董事長和醫師們有意無意間交換了彼此的意向，王董事長的建院理念及醫師們不是很成熟的倫理規範，都在酒酣耳熱之下互相披陳。

我記得最後參加的幾次宴會裡，王董事長常不斷提起：「如何讓長庚醫院永續經營？」（last one hundred years）我傻傻地陳述瓊斯．霍普金斯（Johns Hopkins）在撥款設立瓊斯．霍普金斯醫院（Johns Hopkins Hospital）時提到的三原則，即：

一、醫學院的主治醫師要擁有大學醫學院的教職。

二、醫學生要是大學畢業生。

三、醫院應服務巴爾的摩地區的窮人。

創辦人只交代了這三項原則，就讓瓊斯．霍普金斯醫院及醫學院，由病理及公共衛生科的魏爾契醫師（William Henry Welch）、內科的奧斯勒醫師（William Osler）、外科的霍斯德醫師（William Stewart Halsted），以及婦產科的凱利醫師（Howard Atwood Kelly）四位醫師，也就是所謂瓊斯．霍普金斯四大巨頭（Big Four）全權經營。

瓊斯．霍普金斯醫院在一九一三年的美國醫院評鑑「佛烈斯那報告」（Flexner Report）獲得無缺點的首名評比，如今已達百年，仍然是全世界最好的醫院之一。我亦提及洛克菲勒（John Davison Rockefeller，一八三九年～一九三七年）創立芝加哥大學時，也只是提綱挈領做了一些原則上的指示，就任由專業經理人全權經營。

這些往事，現在回想起來，我都對自己的天真，捏了一把冷汗。

Dear Jernan,

Enclosed you will find an old Pittsburgh Picture, 90 years ago. As I mentioned to you, this is the copy of a copy, so the quality is not that great. The yellow marker is removable.

I am sending you, in a separate package, the hernia spoons. It is one of the original Children's Hospital Cafeteria Spoon that no longer exists. Must be over 30 years old by now. I used this spoon thru out my career at the Children's Hospital.

I would like to entrust this to you as my good friend and colleague.

May you and you practice prosperous, and many Taiwanese children benefit from your skill.

Sincerely,

p.s. The little spoon is a modification for pre-mi and small babies.

Kam

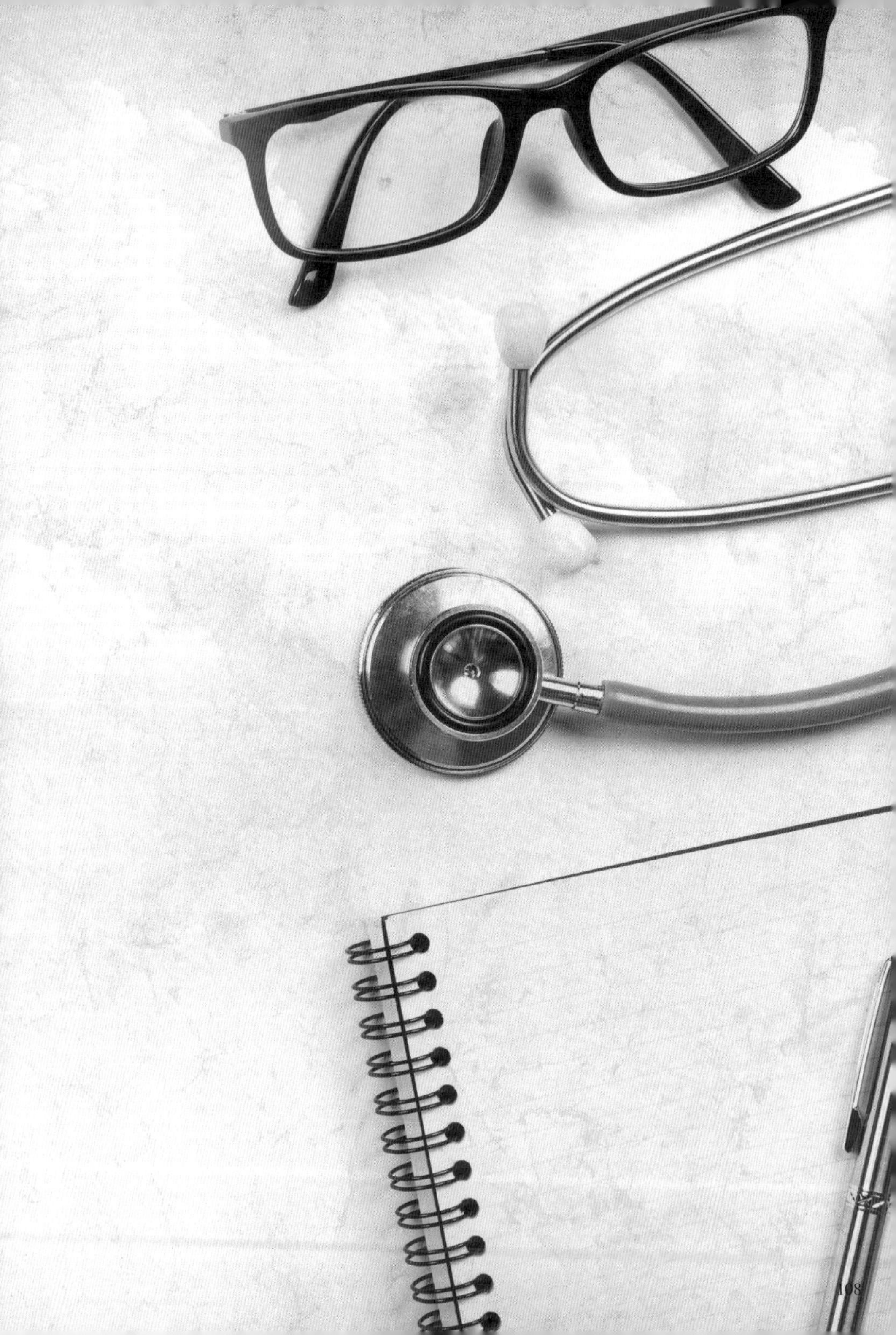

第三部——借鑑國際

一、初履中國大陸

一九八七年，台灣在解除長達三十八年的戒嚴統治後，解除了民眾前往中華人民共和國的禁令。很多在一九四九年跟隨蔣家政權來台的大陸同胞，爭先恐後經由香港前往大陸探親。

我在一九八八年十月組了一個台灣團，參加在天津舉行的國際小兒外科醫學會。我擔任團長，率領方武忠夫婦、王乃元夫婦、林振勝夫婦、陳德芳及蔡淳娟醫師夫婦等前往參加。不過，當時政府仍禁止公務員前往中國大陸，因此台大的洪文宗、陳秋江教授等無法前往。

我參加這個醫學會議，最主要是因為在美國參加小兒外科醫學會時，認識了中國大陸小兒外科領導人張金哲教授，以及天津兒童醫院的韓茂棠主任。

海峽對岸的學術夥伴

張金哲教授曾是首都醫科大學附屬北京兒童醫院的副院長，在文革期間曾經下放勞改，擔任清掃該院廁所的工作。

我在匹茲堡兒童醫院受訓時的老闆基塞韋特教授曾帶領一團世界健康基金會（Project HOPE）的美國醫師，在文革後期前往北京兒童醫院拜訪，並指定要見張金哲教授。據說大陸當局曾短暫地把張金哲教授恢復頭銜幾天，以便接待世界健康基金會的美國貴賓。

後來張金哲教授獲選為大陸全國政協委員，並成為大陸外科界的領導人物。他曾戲稱自己是「中國大陸外科的熊貓」，有事就出面當樣板。

韓茂棠醫師是我一九七六年在佛羅里達參加美國小兒外科醫學會（American Pediatric Surgery Association）年會時，偶然認識的。當時我看到一位穿著褲管反摺的舊式長褲及不合身西裝的東方人，在旅館的禮品店買M＆M巧克力。交談下知道，他在美國做短期的小兒外科觀察員（Observer），他聽說我在匹茲堡兒童醫院擔任研究員後，表示想去參觀，並希望借住值班室。

他告訴我，他來自天津，買巧克力是當作午餐。我因此請他吃了一頓午餐，兩人就這麼認識了。韓醫師回大陸後，擔任天津兒童醫院小兒心臟外科主任。

初履大陸土地

我帶領的台灣團，所有團員都是第一次到中國大陸，每個人都非常興奮，但也充滿疑慮，因為在台灣對「共匪」的印象，還是像《牛伯伯打游擊》漫畫中的朱毛匪幫。我們到天津機場時，現場一團混亂，沒有行李轉台，必須自己拿行李。搬行李時看到張金哲教授來接機，他想進入接機室，卻被武警或公安很粗暴地趕出。

我們住在天津當時最高級的喜來登大酒店，韓茂棠醫師來訪時，一進到我房間，馬上打開電視機，音量轉到最大，還用英語與我交談。他說我是「領導」，「領導」的房間一定有竊聽器。聽說韓醫師在隔年「天安門事件」後逃離中國大陸，前往西雅圖當「技術員」。

「台灣同胞」的最高禮遇

這次的天津國際小兒外科醫學會，有歐洲、美國、日本等國際人士參加，天津衛生局非常重視。

當時天津出身的中央政治局委員李瑞環，聽說也有接獲指示，所以台灣團受到很高的禮遇。天津兒童醫院特別為台灣團舉行豐盛晚宴，席上醫院書記說到「台灣同胞」時還泣不成聲。

我代表台灣團致謝，不知道要說什麼，最後可能提到了天津「狗不理包子」。隔天，我們全隊就以貴賓身分在天津「狗不理包子店」的特別房間內吃了一頓「包子」餐。

張金哲教授陪我們一路由天津到北京，並參觀了天安門與故宮。到現在我還清晰記得，我們在故宮照相時，有幾個參觀民眾不經意擋住我們拍照的路線，相關陪同人員用力粗暴地大聲叫喊「台胞照相」，並直接動手推開民眾的情景。我們到上海時，上海還派了當年給尼克森總統翻譯的人，當我們這個國際團隊的英語導遊。

初次踏上中國大陸國土，還有很多動人的團圓情景，例如：王乃元醫師夫人東北的親戚坐了幾天火車來天津相會。

自由的可貴

這是我人生重要的一次偶然。我回程在香港停留時，第一次感到「自由」的可貴。

我說不出共產國家的壓迫感，但一到香港那種截然不同的氛圍，讓我終生難忘。記得回台後有次遇到某位國民黨高官，還非常天真地告訴他：「要宣傳反共，只要讓他去大陸一趟。」

當然，那是指文化大革命十年後，天安門事件一年前的中國大陸。

二、創立兒童醫院，實現畢生志業

對兒童醫療的重視，是文明進步程度的指標之一。

兒童醫院在歐美相當普遍，英國就有十五所，美國更有一百三十所，歷史也相當悠久，有的已達一百多年。

而位於亞洲的日本，在一九六四年為配合國際小兒科醫學會於東京舉行，由厚生省撥出巨款，在東京建立第一所國立兒童醫院，由東京大學與慶應大學共同負責；其他大都市，如：大阪、神戶、橫濱、名古屋等，也陸續興建設立兒童醫院，現在日本已有十幾所。

一九九一年，張昭雄院長向媒體宣布，將在兩年內成立台灣首座兒童醫院，以五百床為目標。這項計畫在他訪美時，已獲得滯留在美國紐澤西州的王董事長首肯[10]。

參與籌備長庚兒童醫院

創建兒童醫院是我畢生夢寐以求的志業，我非常興奮！當時台大呂鴻基教授已經向蔣經國總統提出台大醫院籌建兒童醫院的計畫，並獲准列為六年國建目標之一。我在張昭雄院長與管理中心主任莊逸洲任命下，擔任長庚兒童醫院籌備處主任，並聘請台大小兒科退休教授陳烱霖擔任顧問。

一九九一年，我率領兒童醫院考察團前往美國觀摩取經，團隊成員包括：管理中心劉智綱專員、古美榮護理長等。劉專員後來升任廈門長庚醫院總經理。

注

10. 當時王董事長因為執意要在中國大陸投資設立海滄石化區，與當時總統李登輝的「戒急用忍」政策不合，憤而滯留美國，不回台灣。

我們參觀的兒童醫院，包括：紐約長島的施耐德兒童醫院、密蘇里州聖路易市的格倫儂樞機主教兒童醫院（Cardinal Glennon Children's Hospital）、聖路易兒童醫院（St. Louis Children's Hospital）、加州聖地牙哥的雷迪兒童醫院（Rady Children's Hospital），以及帕羅奧圖（Palo Alto）史丹佛大學的露西爾・帕卡德兒童醫院（Lucile Packard Children's Hospital）。

回台後，以林口長庚醫院L棟研究大樓的三分之一規劃為兒童醫院，主要設立兒童門診、X光檢查、兒童加護病房、新生兒加護病房、血液腫瘤科病房、心臟內外科病房、兩歲以下孩童病房、兩歲至六歲病房、六歲以上病房、骨科、整形外科、復健科聯合病房、兒童醫院醫師辦公室，以及兒童醫療共同研究室等。

給台灣病童的兒童節禮物

一九九三年四月四日兒童節，長庚兒童醫院舉行開幕典禮，由甫自美國歸台的王董事長及夫人、張昭雄院長等一千多人共同參與主持。

當時，我還利用中正紀念堂廣場舉辦開幕園遊會，並於晚上邀請長庚合唱團在國家音樂廳舉行頗具國際水準的音樂會[11]。王董事長藉著參加這個音樂會由美返台，我還記得許多記者爭先恐後訪問他的熱鬧情景。

長庚兒童醫院成立後，並沒有設立院長職務，而由張昭雄院長兼管，我仍是「籌備處主任」。幾年後，謝貴雄教授由台大醫學院院長離職，擔任兒童醫院首任院長，不幸在任內因病過世。之後，我被任命為副院長，但也不清楚是林口長庚醫院副院長，或是兒童醫院副院長。

兒童醫院的設置一直為衛生署否認，並非正式名稱。直到二〇一四年，衛生署擴大為衛生福利部後，才正式通過「兒童醫院」這個名稱。

注

11. 長庚合唱團由台北市音樂老師組成、育志文教基金會支助，與長庚醫院無關。

三、太平洋小兒外科醫學會與我

當我回顧自己的外科生涯時，最常浮出記憶的，無疑是太平洋小兒外科醫學會（Pacific Association of Pediatric Surgeons, PAPS）的點點滴滴。它在我的外科生涯裡占有很重要的地位，影響既深且遠。

太平洋小兒外科醫學會成立於一九六七年，是以美國、日本與澳洲為主軸的國際醫學會。

學會由美國洛杉磯錫安山醫學中心的甘斯醫師（Stephen L. Gans）、日本東京順天堂大學的駿河敬次郎醫師（Keijiro Suruga），以及澳洲墨爾本皇家兒童醫院的邁爾斯醫師（Nate A. Myers）共同創立，與美國小兒外科醫學會（American Pediatric

Surgical Association, APSA）、英國小兒外科醫學會（British Association of Paediartic Surgbeons, BAPS），並列世界三大小兒外科醫學會。

最友善的國際醫學會

除了在學術上的崇高地位，太平洋小兒外科醫學會也是最友善且具特色的醫學會。它的大會每年在不同的地點舉行，橫跨太平洋沿岸，輪流在美洲、亞洲與大洋洲舉行。

參加學會的會員，顧名思義來自太平洋東、西沿岸國家，幅員相當廣闊，包括：美國、加拿大洛磯山以西、墨西哥、中南美洲、日本、南韓、中國大陸、台灣、菲律賓、越南、泰國、馬來西亞、印尼、澳洲、紐西蘭等。因為太平洋太過寬廣，各國國情及醫學發展程度存在很大落差。

我在一九八三年成為會員後，除了二〇〇三年因SARS（Severe Acute

Respiratory Syndrome，嚴重呼吸道症候群）流行而未能參加在澳洲雪梨舉辦的年會，幾乎每年參加，直至二〇〇八年，前後二十五年未曾間斷。

與時俱進，和世界同軌

我每年強迫自己要發表口頭或壁報論文，甚至寫成完整論文發表於小兒外科領域權威雜誌《小兒外科期刊》。因為這種堅持，讓我在學術與臨床兩方面，都得以與時俱進，與世界同軌。

在我一生中，因為參加這個醫學會，走遍福岡（一九八三年）、鹿兒島（一九九四年）、京都（二〇〇一年）、美國加州聖地牙哥（一九八四年）、俄勒岡州波特蘭（一九八九年）、新墨西哥州的阿布奎基（一九九二年）、亞利桑那州的鳳凰城（一九九七年）、內華達州的拉斯維加斯（二〇〇〇年）、加州的拉霍亞（La Jolla）（二〇〇二年），也造訪過紐西蘭（一九八五年）、澳洲的凱恩斯

（一九九三年）、墨西哥的瓦哈卡（一九九五年），以及香港、北京、新加坡等。

在每個國家舉行的醫學會中，主辦單位都會竭盡所能表現該地特色，所以，雖不是很深入的旅遊，卻也不會流於膚淺。

有朋自遠方來

除了以文會友的學術探討與旅遊之外，太平洋小兒外科醫學會提供我認識各國小兒外科同儕的機會，其中許多人甚至變成日常生活中的朋友。

例如：哈里遜醫師，他與我同時在匹茲堡兒童醫院擔任小兒外科研究員，那時我們每隔三天值班一次，是患難之交。他在俄勒岡健康與科技大學（Oregon Health & Science University）擔任教授後，在太平洋小兒外科醫學會中非常活躍，扮演重要的角色，很有影響力。他曾長期擔任學會祕書長，也擔任過理事長，在學會中給予我許多支持。他與太太佩妮（Penny）是我們全家的朋友。

還有喬利醫師（Stephen Jolley），他原本是拉斯維加斯兒童醫院外科主任，在賭城拉斯維加斯主辦過小兒外科醫學會，比我早一年擔任理事長。二〇〇六年，我承繼他擔任理事長時，他已搬到阿拉斯加的安克拉治（Anchorage），但仍不遠千里從阿拉斯加至台北，協助我勘察大會場地，給我許多建議，我們到現在仍是好朋友。

知交滿天下

一九九五年的理事長、墨西哥市的波拉斯－拉米雷茲醫師（Giovanni Porras-Ramirez），是我們的好友。他富有拉丁民族的熱情，每次相逢都要教我西班牙語，例如：我的名字Jer-Nan應該發音Her-Nan。

香港大學中陶醫師（Htut Saing）與太太丁婷（Tin-tin，音譯）是緬甸裔，她與達賴喇嘛在緬甸當過同學。中陶醫師留學英國，頗有英國紳士風範，是我們的家庭好友。

澳洲伯斯的金恩醫師（Philip King）是一九九九年在北京舉行的太平洋小兒外科醫學會理事長。按照過去傳統，主辦國的主辦醫師大都擔任理事長，但中國大陸當時缺乏舉辦學會的經驗，因此大陸的張金哲教授雖是主辦者（Local organizer），金恩醫師卻是理事長，目的是避免學會的傳統基本精神被扭曲。我是金恩醫師的好友，我們戲稱他是「Philip the King」[12]，但我支持他這種做法。

拒絕「中國台北」稱號

加州洛杉磯的艾普邦姆醫師（Harry Applebaum）長期擔任太平洋小兒外科醫學會祕書長，一直堅持台灣與中國大陸對等，支持我不能自我矮化，接受「中國台

注

12. King是國王、大帝之意，Philip the King用來戲稱金醫師為「菲力浦大帝」。

北」（Taipei, China）這個名稱。

二〇〇六年我擔任理事長，在台北舉行的第三十九屆太平洋小兒外科醫學會，因為拒絕以「中國台北」名義寄發邀請函，因此沒有大陸小兒外科醫師來台參加醫學會。

日本大阪的窪田昭男（Akio Kubota）夫婦與我熟識，他是台大許書劍教授在母校金澤大學的後輩，對金澤出身的嘉南大圳建造者八田與一頗有興趣。窪田昭男也是高雄長庚醫院院長莊錦豪的好友，莊院長曾陪他到烏山頭水庫的八田與一銅像前悼念。窪田到台北時，我也曾請他在我家附近的居酒屋一起喝兩杯。

在日本接受盛情招待

日本筑波大學大川治夫（Ohkawa Haruo）教授與夫人弘子（Hiroko），曾經邀請我與春梅參觀他在筑波山下培育無肛症豬隻[13]的農場。日本人很少在家裡宴客，但他們邀請我們在家裡享受傳統家庭式晚餐。他們到台北時，也曾到我們家作客，到現在退休後仍每年聯絡。

日本東京順天堂大學宮野武醫師（Takeshi Miyano）主辦二〇〇〇年跨世紀的千禧年學會，在四月的京都，我與春梅欣賞了令人嘆為觀止的京都櫻花祭，享用了昂貴的神戶牛肉火鍋，並參觀了岐阜的傳統藝伎與服飾。

宮野太太可能跟日本皇室非常熟悉，二〇〇〇年太平洋小兒外科醫學會邀請了當時的皇太子及皇太子妃，也就是後來的平成天皇及皇后。我們同住在大會的京都國際飯店，並首先獲知皇太子妃懷孕的消息——因為她不克陪同皇太子參加學會晚宴而引起我們的猜疑。在酒會中，我與皇太子還交談了數句，告訴他我從台灣來。

注

13. 做為實驗之用。

太平洋小兒外科醫學會在學術上有相當重要的地位。小兒外科最重要的醫學雜誌《小兒外科期刊》就是學會的正式刊物，每年有一期專門刊登太平洋小兒外科醫學會大會發表的論文，且完全授權醫學會的出版委員會（Publication Committee）自行審查。日本非常重視這個醫學會，在日本小兒外科學會（Japanese Society of Pediatric Surgeons，JSPS）另設有日本PAPS（PAPS Japan）小組，訂有嚴謹的會員資格。

主辦年會，迎接生涯巔峰

太平洋小兒外科醫學會的首位台灣學會理事長，是台大洪文宗教授，任期從一九八七年至一九八八年，我則是在相隔十八年後，也就是二〇〇五年至二〇〇六年的理事長。

擔任太平洋小兒外科醫學會理事長，並負責主辦一次大會，是我外科生涯的巔峰。

我在二〇〇四年當選，二〇〇五年在加拿大溫哥華接下理事長職位，著手主辦二〇〇六年五月十四日至十八日在台北圓山飯店的第三十九屆大會。那時，我已離開長庚醫院，並辭去衛生署桃園醫院院長，轉而在台中中國醫藥大學任職，負責籌備中國醫藥大學兒童醫院之設立。

一人團隊

我離開長庚醫院，也失去了協助團隊，必須一個人承擔主辦醫學會的所有大小事。

我向中國醫藥大學爭取了數十位學生到台北擔任義工，協助註冊及招待工作；我還向蔡長海董事長借了兩百四十萬元，做為預先開支的經費。此外，還要感謝台北榮總魏拙夫醫師，他慷慨指派蔡昕霖醫師全力協助。

第三十九屆大會，在論文方面共有兩百篇左右的口頭報告、一百篇左右的壁報論文，參加的各國小兒外科醫師約有三百多位。

向國際宣傳台灣

五月十四日晚上的歡迎酒會，當時的衛生署署長侯勝茂蒞臨參加；五月十五日舉行的「台灣之夜」，則有當時的陳水扁總統參加並致詞，非常隆重。我的三女兒昱姍，負責主持整場「台灣之夜」晚宴及節目表演。

「台灣之夜」的表演節目，有代表台灣本土的布袋戲、代表客家文化的客家民謠及舞蹈、代表原住民族文化的布農族「八部合音」兒童合唱，以及代表中原文化的「川劇變臉」。許多外國朋友都對台灣總統親臨致詞及台灣族群的多元文化，留下深刻印象。

傳統上，太平洋小兒外科醫學會的正式會期是三天半，加上正式會期前一天的出版委員會則是四天半，其中有一天做為大會的正式團體旅行。二〇〇六年那屆，我們選擇去程搭乘飛機、回程搭乘火車的太魯閣國家公園一日遊。

留下難忘的回憶

一般來說，到了大會最後一天，正式晚宴時，會由各參加國依英文字母順序演唱各國歌謠。台灣總是唱〈望春風〉，幾乎成了「國歌」；晚宴的最後，還會有一個短短的笑劇，二〇〇六年是由澳洲的皮特金醫師（John Pitkin）的男扮女裝與模仿川劇變臉。

美國小兒外科醫師白克斯特（Chad Baxter）歷來負責擔任晚會主持人，他的幽默感，是讓太平洋小兒科醫學會變成最友善的醫學會最重要的原因。白克斯特醫師過世後，就由皮特金醫師繼續主持晚會，扮演這個詼諧的角色，每次他的表演都讓大會有一個美好的結束。

放眼世界的機會

皮特金醫師及太太珊卓（Sandra）都是我的好友。他是蘇格蘭人，珊卓是澳洲人，他們相遇於英格蘭而定居在澳洲。二〇一七年太平洋小兒科醫學會五十週年，在西雅圖的大會上，皮特金醫師擔任晚會主持暨告別演出。他的世界觀及對人類一視同仁的告別演講，讓我感動。

太平洋小兒外科醫學會帶給我學術上的精進、放眼世界的機會，並結交了許多各國朋友，最後還讓我當上理事長。我常常告訴後輩，如果要在大學醫院工作，要盡早選擇一個國際醫學會，並且有耐心經常參加，最後會有非常值得回憶的醫學生涯。

二〇〇六年第三十九屆太平洋小兒外科醫學會理事長致詞稿

朋友們：

太平洋小兒外科醫學會在一九六七年成立，到現在已是全球最受尊崇的醫學會之一。每年一度的學術大會，不僅提供了小兒外科領域的最新資訊，而且把最主要的成果發表在最重要的《小兒外科期刊》上。

學會的學術地位不只高超而被公認，更重要的是，經由學會詹姆斯．瓦登援助計畫（M. James Warden Guest Assistance Program）的努力，提高了太平洋沿岸發展中國家照顧外科病童的醫療水準。在太平洋小兒外科醫學會的認知裡，世界不只小，更是平等。

我個人認為，這個學會有兩個很不一樣的特徵。

第一個，是公平。每個參加的會員都要繳交自己的註冊費、負擔自己的旅費與食宿，這個學會沒有由學會負擔費用邀請講員，且學會輪流在太平洋沿岸舉行，由各國輪流主辦。

第二個，是友善。會員奉行「無領帶」衣飾，相互間以「名字」招呼，而不以為侮。基本上，學會無階級之分，不管是教授或學生。會議期間都有一整天的大會旅遊日，由會員與眷屬全員參加。每一年大會的正式晚宴都很有趣而且幽默，幾乎每個人都記得「Baxter-Myers」的網球拍獎品，以及按照字母排名由每個參加國會員上台合唱。

從一九八三年在日本福岡舉行的太平洋小兒外科醫學會開始，我至今從不間斷參加這個大會。學會給予我太多的幫助，很多會員也都在各個方面協助過我。現在，是我回饋的時候。

我承諾，台北的二〇〇六年太平洋小兒外科醫學會必定在學術與社交上完全成功。更重要的是，我希望大家給我機會，讓我可以親自向你表達我對這個學會與會員的深摯感謝。

第三十九屆太平洋小兒外科醫學會理事長 林哲男 敬邀

Dear Friends,

Pacific Association of Pediatric Surgeons was founded on 1967, and has become a major and respectable association since then. Each annual meeting of this association provided a forum for the presentation of the cutting edge frontier concerning Pediatric Surgery and a chance to publish their results in the preeminent Journal of Pediatric Surgery. The academic achievement is remarkable and well recognized. Furthermore, through the M. James Warden Guest Assistance Program, this association dedicates a great effort in raising the level of care for surgical babies in less developed areas.. In the mentality of the Pacific Association of Pediatric Surgeons, the world is not only small, it is small as well as equal.

There are two important characteristics, which I regard as the unique attributes of this association. The first one is fairness. Every participant pays his own registration, accommodation, travel expenses and foods. There are no invited speakers who may waive expenses. The venue alternates and the meeting is hosted by countries around the

Pacific Rim. Another characteristic is friendliness. There is a policy of "no ties" and addressing each other by first name is of no intrusiveness. Basically, there is no hierarchy, whether you are professors or trainees. An entire day is always set aside for all the participants and accompanies to join the conference tour, like a big family. The annual banquet is always cheerful and humorous. Everybody remembers very well the Baxter-Myers' tennis trophy and songs given by the participants from each country or region by alphabetical order.

I had personally attended the PAPS meeting each year since 1983 when it was held in Fukuoka, Japan. The association has given me lots of advantages and many members have helped me in one way or another. Now, it's time for me to return the favor. I promise all of you that PAPS 2006 in Taipei will be a success both academically and socially. More importantly, I would like to take that opportunity to express my deep gratitude to this association and members. I sincerely invite you all to be there, so that I may deliver my thanks to you personally.

Jer-Nan Lin, M.D.

Chairman, Local Organizing Committee

President, 39th Annual Meeting of the Pacific Association of Pediatric Surgeons

四、台灣小兒外科醫學會的創立

美國醫學雖然發達，但是在一開始，小兒外科並不為美國外科學院（American College of Surgeon, ACS）承認，尤其是一般外科醫師，他們反對以年齡做為外科專科的專業分野。

一度不獲承認的小兒外科

有一段時期，美國的小兒外科醫師還必須在美國小兒科醫學會（American Academy of Pediatrics, AAP）所特別設立的外科議程（Surgical section）發表他們的研究成果。

經過一段漫長歲月，小兒外科才由美國外科醫學會承認合格（competency），成為外科次專科真正的專業委員會（Specialty Board）之一。

台灣小兒外科醫學會在一九八六年，由台大教授洪文宗大力號召成立，在亞洲甚至全世界都名列前茅。

以成立時間而言，學會在亞洲僅次於日本，但台灣小兒外科醫學會與日本小兒外科學會淵源甚深而密切，許多日本小兒外科醫師與教授都曾受邀訪問台灣。

小而美的醫學會

台灣小兒外科醫學會是外科次專科中最小的，會員在六十位至一百位左右，而真正全職的，則在三十位以內。

學會理事長每屆任期兩年，不得連任。洪文宗教授擔任首兩屆共四年的理事長，為小兒外科奠定基礎；第三任為後來榮任台大校長的陳維昭教授，我則是擔任第四任理事長。

學會每年召開兩次學術研討會，一次在三月，與台灣外科醫學會各次專科合併開會；另一次則在九月，只有小兒外科醫師參加，輪流在各大醫院舉行。

病例不足成隱憂

隨著時代變化，台灣小兒外科發展至今，開始浮現隱憂。

我開始擔任小兒外科醫師的七〇年代，每年有四十五萬個新生兒，等於當時高雄市的人口。

然而，台灣新生兒人數每年遞減，至今大約每年只有二十萬個左右的新生兒，加上設有小兒外科的醫學中心每年增加，小兒外科醫師的經驗與素質因病例不足，不如以往。

不僅如此，在全民健保制度之下，外科醫師日漸萎縮，影響最大的就是小兒外科。

五、走訪日本與南非

我因為參加太平洋小兒外科醫學會，並且是學會的出版委員會及董事會董事，認識了不少小兒外科界的重要醫師，也因此曾先後三次應邀到日本參加日本小兒外科醫學會，擔任客座講員——這在自視甚高的日本醫界並不尋常。

台、日小兒外科界交流

日本小兒外科醫學會歷史悠久，一九六三年創會至今已有五十六年，在全世界居領先地位。會員達千人，每次會議都非常盛大，且廣邀歐洲及美國小兒外科檯面上人物發表特別演說。

一九九八年，我參加了由金澤大學梶本照穗（Kajimoto）會長及北谷（Kitatani）教授主辦的第三十五屆日本小兒外科醫學會，當時澳洲布里斯本的皇家兒童醫院（Royal Children's Hospital）華裔肝臟移植專家王達顯（Tat-Hin Ong，音譯）也同時應邀演講肝臟移植近況，我則以「最小至最大後矢狀面術式治療鎖肛症」（From minimal to maximal PSARP for anorectal malformations）的經驗做為演講題目。

二〇〇四年六月五日至六日，我又應邀參加日本第四十三屆小兒外科醫學會。當時的會長是千葉大學大沼（Ohnuma）教授，理事長是我的好友、鹿兒島大學的高松（Takamatsu）教授，會址在東京附近千葉縣的幕張。

我在大會晚宴上繼日本前輩駿河（Suruga）、池田（Ikeda）之後，代表台灣小兒外科醫學會及太平洋小兒外科醫學會致詞。大沼會長特別指派千葉大學醫局員菱木（Hishiki）全程陪同，招待非常周到。

窪田昭男是台灣小兒外科界的好友、日本關西地區新生兒及週產期[14]學的領袖人物，也是大阪大學岡田（Okada）教授的接班人。他在擔任關西小兒外科醫學會理事長期間，曾邀請我參加在奈良舉行的學會，我與南韓延世大學的黃義虎（Eui-Ho Hwang，音譯）教授同為客座講員。

身為會長，窪田在百忙之中，陪我們參觀了奈良大佛，並親自導覽說明這個日本古都的故事，我們也品嘗了道地的高級日本料理。

南非之旅，眼界大開

參加南非小兒外科醫學會及賽維斯（Sidney Cywes）醫師的退休晚宴，是一趟讓我眼界大開的兩週之旅。

我與春梅要先到新加坡再轉南非約翰尼斯堡，是最遠的航空行程。南非的醫療水準相當高，巴納德醫師（Christiaan Barnard）在一九六七年就已在開普敦的紅十字醫院成功施行世界首例心臟移植。

賽維斯醫師是世界小兒外科學會（World Federation of Associations of Pediatric Surgeons, WOFAPS）的創始人之一，曾經來台擔任三軍總醫院客座教授，是當時三總小兒外科主任朱志純的老師。退休後，他曾再次來到台灣，對台灣的蘭花培育頗有興趣，我曾介紹他到台南縣新營的台糖蘭花養植研究所參觀。

我們的南非之旅，主要到約翰尼斯堡、德班（Durban）、普利托里亞（Pretoria）及首都開普敦，並參觀克魯格國家公園（Kruger National Park），目的是參加非洲小兒外科醫學會、世界小兒外科醫學會及賽維斯醫師的退休晚宴。

種族隔離的矛盾

我非常喜歡南非山巒起伏無窮的原野，散布著點點農場及農舍，有《真善

注

14. 指從產前五個月到產後一個月期間。

美》電影中奧地利的感覺。那裡的原住民祖魯族，和我們的原住民族一樣，喜歡喝酒、跳舞、唱歌。他們採一夫多妻制，聽說較不喜歡工作，也是南非所謂「Apartheid」（南非種族隔離）制度的爭議之一。

南非種族隔離其實和所有黑白問題的種族隔離（segregation）相似，只是Apartheid是「分群而居」的意思。

經年難解的問題

我曾經問過幾位南非白人醫師對南非種族隔離制度的感想，其中也包括賽維斯醫師，他們大都會反問我一個問題：「在非洲，哪個國家黑人的生活水準最高？」

南非的黑人，確實生活水準是最好的，不過與白人相比，就相差甚遠。

在南非，我們很容易就感覺到黑白的不平等待遇。賽維斯醫師甚至告訴我，黑人族群複雜，彼此不信任，連看病都要選擇白人醫師。即使到了一九九八年，已由黑人曼德拉擔任總統，種族問題依舊嚴重。

新舊更迭之際

我們參加的南非醫學會在開普敦大學舉行，很有水準。我演講的題目是「膽道囊腫症的電子顯微鏡檢」，一些日本小兒外科醫師很有興趣。

大會期間，我們與台大洪文宗教授夫婦會面，並相約吃了幾頓飯。他透露，自己已無法在世界小兒外科醫學會中維持理事資格，因為大陸勢力開始慢慢增強。

賽維斯醫師的退休晚宴在郊外的斯皮爾莊園（Spier Estate）舉行，是戶外燈光下的晚宴。參加的人甚多，可見賽維斯醫師在南非小兒外科的地位。

宴會中，黑人合唱團的演唱很有味道，唱作俱佳，倒是食物並不特別突出。

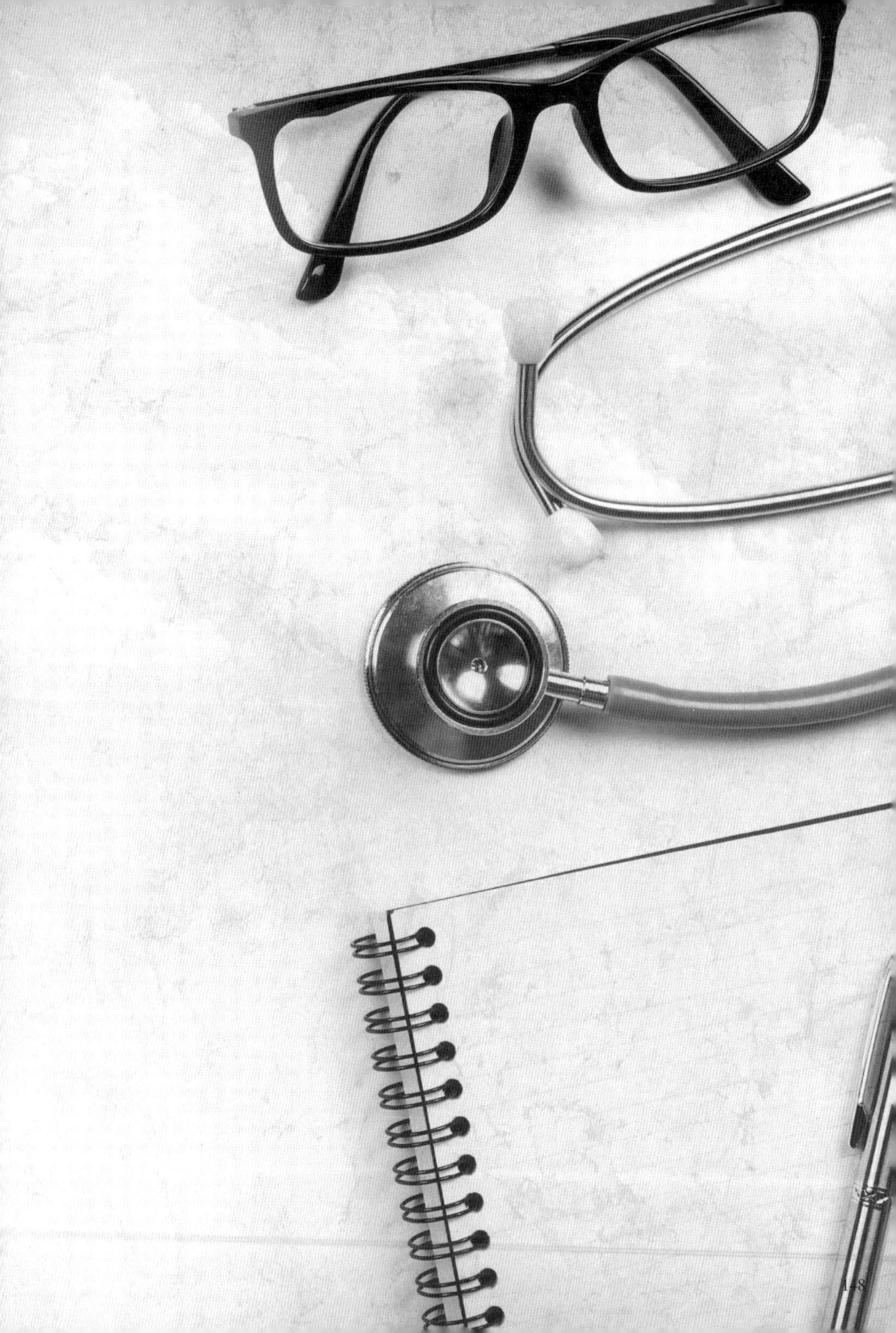

第四部——迎向人生新里程

一、辭別長庚，人生重要轉捩點

二〇〇三年，是我的人生轉捩點。

從一九七六年在長庚醫院建立小兒外科，從事外科工作已屆二十七年。雖然體力心智正常，但眼力已明顯不足。眼科醫師告訴我，我有視網膜黃斑部退化現象。黃斑部負責閱讀或精細工作等重要視覺區域，一旦退化會使得中心視力快速減退，加上高度近視，視力已無法矯正；再加上我在手術刷手時，常會對刷手消毒液過敏，導致雙手及手臂疼痛及發癢的過敏性反應。

我曾向當時的長庚醫院張昭雄院長表示，希望轉任行政工作，漸漸離開外科手術工作，可惜在長庚體系中，並不歡迎醫師介入行政。長庚醫院所謂的「院長」、「科系主任」，其實沒有負責多少行政管理工作，都是管理中心直接向董事長負責。

轉任桃園醫院院長

在這個有點不知所措的時期，有一天，忽然接到時任衛生署副署長黃富源同學的電話，表示省立桃園醫院（現為衛生福利部桃園醫院）需要一個領導人物，希望可晉級為醫學中心。黃富源與當時的衛生署李明亮署長、醫事處負責省立醫院事務的陳再晉三人，在台北喜來登飯店一樓咖啡廳與我面談。他們希望，有一天桃園醫院可與隔鄰的桃園療養院合併，成為衛生署管轄的唯一一家醫學中心。

我很天真地馬上答應前往擔任院長，並且匆忙向長庚醫院辦理退休，接受同仁舉辦的退休惜別會祝福，便離開了長庚醫院。

原隸屬台灣省政府衛生處、精簡政策後改隸行政院衛生署的省立醫院，過去是頗有聲譽的大醫院，一般民眾生大病才會前往求診。我滿懷希望前往，結果大失所望。

遇見人生低潮

很多省立醫院醫師不只兼職，且不務正業；加上公務人員為了升官，不少送往迎來的官僚氣息，讓人心寒。醫院內醫師不專業，護理人員的公務員心態，讓來自習慣於企業文化（長庚醫院）的我，完全不能適應。

我看到整個醫院的冗員積弊，許多高貴儀器設備任其閒置而報廢，心痛不已。三個月後，我向黃富源副署長請辭並致歉。那是我人生中的最低潮，也對自己失去信心。

福無雙至，禍不單行。二〇〇三年爆發ＳＡＲＳ，台灣百業蕭條，人心惶惶，有點像卡繆所寫的《鼠疫》（*La Peste*）小說情景。ＳＡＲＳ不只改變台灣的經濟，也影響了往後台灣的醫療環境及醫學教育。

改變的契機

我辭去桃園醫院院長，又懷念長庚醫院，沮喪之下，想起了在台中的中國醫藥學院[15]蔡長海董事長。

蔡董事長在長庚醫院完成小兒科專科訓練後，回到他的母校中國醫藥大學附設醫院（簡稱中國醫大附醫）服務，一路由小兒科主任升至院長，並在原任董事長陳立夫過世後，繼任董事長。

我去台中拜訪蔡董事長時，他親自帶我參觀醫院環境，造訪了蔡輔仁教授的基因研究室。最後，我們來到中正公園旁，那是中國醫藥學院新近購置的一塊

注

15. 中國醫藥大學前身。

地，如今做為癌症、急重症中心及預防醫學中心使用。參觀後，他談及要在台中設立中部第一所兒童醫院的構想。

兒童醫院的建築將由以設計博物館聞名的建築師蓋瑞（Frank Gehry）負責，可望成為台中甚至台灣地標之一。

我深覺蔡董事長是提升中國醫藥學院及附設醫院醫學水準的真誠有心人，因此一口答應南下台中，並在靠近國立科學博物館附近的一棟大樓承租了一小單位的住房，打算長住。

投入醫院改革

中國醫藥學院當時已有五十年歷史，附設醫院創始於一九八〇年，「年紀」比台北長庚醫院還輕。

長庚醫院由一群台大年輕主治醫師，配合王永慶董事長的放手經營及大量資金挹注，是在一張白紙上規劃出一所理想的醫院；相對來說，中國醫藥學院附設醫院則存在不可撼動的官僚思維。

蔡董事長一上任，就全力投入改革。他的理念，就我所知，是引進各方已有成就的人士進入體系，沖淡既有反動勢力，在體制內力求改革。當然，他的作為會受到許多批評及責難，甚至不滿及怨恨；但這十幾年來，學校及醫院的進步幅度都是正面的，成果也讓人欽佩。

初識醫院管理

在長庚醫院體系下，醫師的心聲與意見，表達機會不多，更不要說行政管理。除了幾個醫師之外，參與行政和決策的管道很少。也許在這種情形下，很多醫師可以專心於醫療與醫學研究，也真的有不少醫師在醫學領域上頗有成就，我自己可能是其中之一。但在醫院行政與管理上，卻太過天真。

我到台中後，參加了五、六年由蔡董事長主持的「校院務發展委員會」。委員會成員包括：學校校長、副校長、醫院院長、副院長、某些科部主任及資深顧問等，會期每月一次，均在星期六早上舉行。

會中，通常是某些部門就特定議題或策略發表意見，然後由所有主管討論或評論——從這些討論中，我獲得的啟示，遠比我在長庚醫院體系二十多年來得多。尤其一些來自台大、北醫，甚至軍方體系的顧問，各有不同看法，更開啟了我的視野。

一波多折，設立兒童醫院

我到中國醫大附醫的第一個行政職務，是醫學教育委員會主任委員，最主要工作是招收更多住院醫師。招募可能稍有成果，但主要還是來自長庚醫院體系的吸引力及號召力，例如：心臟科洪瑞松、外科部主任鄭隆賓、內科部主任黃秋錦。

在中國醫大附醫，我只擔任了一年主任委員，接著就著手規劃兒童醫院。但在二〇〇三年SARS流行之後，蔡董事長把原本想建立兒童醫院的基地改為急重症中心、癌症中心及預防醫學中心用地。可能是為了彌補對我承諾的遺憾，就託付我把原有的第二醫療大樓部分重新整修，改為兒童醫院。

在中國醫大兒科學陳偉德教授從旁協助下，兒童醫院很快完成，而我也順理成章成為第一任院長。

可惜的是，兒童醫院當時為符合法規及相關設施限制，改名兒童醫學中心，而我的院長職也在一年後無疾而終。一直到二〇一四年十月，兒童醫院之名才正式立案揭幕。

看見台灣醫療奇蹟

六十五歲以後，我漸漸退出手術室。

小兒外科手術在中國醫大附醫本來就少，加上要讓年輕醫師有更多機會，在客觀與主觀條件下，我慢慢放下忙碌一生的開刀工作。在這段半退休生涯中，我參與了衛生署的一個法人團體「醫院評鑑暨醫療品質策進會」（簡稱醫策會）的醫院評鑑工作，擔任評鑑委員。

我前後大概擔任近十五年的委員，也目睹了醫院評鑑工作的改革，由注重醫療個別專業，到注重病人安全與醫療品質。

十五年間，我幾乎走遍全台的大、小醫院，包括：所有醫學中心、區域與地區醫院，我看到台灣不只有政治奇蹟、經濟奇蹟，也見證了我們可能會忽略的醫療奇蹟；我見證了「全民健康保險」在許多弊病與缺失下，對弱勢族群的公平正義與醫療權益維護的貢獻。

在評鑑工作中，我認識了不少在醫界默默耕耘的同仁們，當然也發現人性醜陋的另一面。我看到了台灣的城鄉差距，也體驗了人性的高貴與庸俗。

醫院評鑑是「必要之惡」。沒有人喜歡被評鑑，但醫療評鑑是在醫護專業與病人間資訊完全不對等情況下，保護病人的必要措施。

評鑑改革功虧一簣

醫療工作者主動以「保護病人」為職志，是醫界已近百年的傳統，例如：病歷的記載、外科的併發症與死亡病例討論會（Morbidity and Mortality conference，M&M conference）等，已在歐美醫院行之有年。

醫界最令人欽佩的是「自我檢視」，或稱同行審視（Peer Review），就如司法界的「公平正義」同樣需要司法人員「自我檢視」，因為外界人士無法深入瞭解該工作的真正意涵。然而，醫院評鑑近年來走火入魔，許多評鑑條例，加上評鑑委員的不當或不適任，讓醫院不得不虛應故事或造假以應付評鑑。

醫療人員一旦養成「造假」的習慣，將可能浪費許多照顧病人的資源，或者騙取已經嚴重虧損的健保給付，實在令人痛心。

二〇一六年五月，我曾經在蔡英文總統執政所任命的衛福部部長林奏延授權下，短暫帶領「評鑑改革小組」，大舉改革評鑑內容及條例，可惜功虧一簣。

北中往返的生活

七十歲以後，蔡董事長邀請我擔任院長室顧問，並出任中國醫大外科講座教授。於是，我搬回台北的通化街住所，只有每星期二到台中，當天早上在中國醫大附醫進行小兒外科教學門診，中午參加小兒科與小兒外科的聯合病例討論會，下午主持小兒外科病例討論會。

我幾乎像「朝聖」般，固定在週二清晨搭乘台北捷運到台北火車站，坐上早上七時三十一分的高鐵，在八時十八分抵達台中烏日站，然後搭乘接駁車到中國醫大附醫。在那裡，我無拘無束地暢談自己的醫學生涯，盡全力把自己的理念與經驗傳承給新生的一代。我不知道這些「白頭宮女話從前」的言談有多少效果，只希望有一天會有某個醫師提起我講過的這些話。

傳承回饋，珍惜常規

中午，我會到醫院附近的中友百貨公司地下樓，在「爭鮮」迴轉壽司點固定種類的壽司：一份鮮蝦手卷、兩份鮭魚肚握壽司、一份花壽司，餐後一份黑糖奶酪。吃完午餐，我就到百貨公司十樓的誠品書店，購買一、兩本喜愛的書籍，帶回台北或在高鐵上閱讀。

下午一時三十分，有醫學生的小兒外科病例討論會，本來是一個小時，常常會延長到近兩小時。我不知道學生是否覺得無聊，但最後總會給我一些掌聲，說聲「謝謝老師」。課後，我便在台中中山堂搭乘接駁公車至台中高鐵站。

回到台北，常已是暮色時分。對我而言，那是豐碩而愉快的一天。我頗為驚訝，自己怎麼會珍惜那麼簡單而無聊的「常規」（routine）生活。

二、我的家庭生活

俄國文豪托爾斯泰（Leo Tolstoy）在《安娜．卡列尼娜》（*Anna Karenina*）一書中，曾說：「幸福的家庭家家相似，不幸的家庭個個不同。」

我的一生非常幸運，因為我有一個幸福的家庭，也因此家居生活並不特別。

夫妻扶持，跨出台灣

春梅於台大藥學系畢業後，在緊臨台大醫院的美國海軍第二醫學研究所做研究助理。一九六八年十二月十四日，我們結婚後，她前往美國安娜堡密西根大學念研究所，而我留在台灣當住院醫師。相別一年後，我前往底特律總醫院當實習醫師，而春梅也獲得微生物碩士，才一起回台灣。

一九七二年，大女兒昱欣出生，我們先租住在台北中崙遼寧街一層二十三坪的小屋子，我記得租金是兩千三百元。父親後來為我們買了第一棟房子，位於四維路二〇八巷七之一號的一樓及地下室。

在這個房子裡，我度過了住院醫師忙碌的日子，二女兒昱佳也在一九七五年出生。

一家五口，甜蜜安定

我完成外科訓練後，留在台大當了兩年兼任主治醫師，一方面在中壢新國民醫院兼差以補家計。一九七五年七月，我申請到匹茲堡兒童醫院擔任小兒外科研究員及住院醫師，春梅與昱欣陪我住在匹茲堡奧克蘭承租的一所公寓一樓，昱佳則留在台北，由家住楊梅的祖母照顧，所以她與阿嬤感情特別深厚。

一九七六年七月，我返回台灣，進入長庚醫院體系，擔任小兒外科主任。

一九七九年，三女兒昱姍在台北長庚醫院出生，我們一家五口都在一起，算是最甜蜜而安定的日子。

移民美國的抉擇

一九八一年，美國國務卿季辛吉密訪中國大陸國家主席毛澤東及國務院總理周恩來，美國總統尼克森後來訪問大陸，發表聯合公報，正式承認中華人民共和國，並與台灣的中華民國斷交。

風雨飄搖中，一九八三年春梅帶著三個女兒前往美國長島的希克斯維爾（Hicksville），舉家移民投靠她的妹妹秀翠，那是一段我單獨在台的日子，也可以想像春梅在台灣與美國試圖平衡兩個家庭的辛苦。

一直到五年後，她們都獲得公民身分，才陸續回到台灣。大女兒昱欣後來在加州帕羅奧圖（Palo Alto）的一所女子寄宿中學畢業，昱佳與昱姍則畢業於台北的美國學校，而我在這段時間常來回美國多次探望她們。

走遍美國

在美國探視女兒的空檔，我常拜訪在美的醫學院同學，因此有人戲稱我到過所有在美國的同學家，例如：在堪薩斯州托皮卡（Topeka）的許信夫、在俄亥俄州的陳明恭、先在水牛城後在加州納帕（Napa）的葉弘宣、在紐約的姚繁盛、在安娜堡的吳安琪、在芝加哥的黃家興、在密西根州布萊頓（Brighton）的古榮一等，幾乎走遍美國。

春梅常疑惑，一九八三年決定移民美國，到底是對或錯？凡事總是一刀兩刃，是與非只在轉念間，而好壞成敗也是見仁見智。

移民美國，讓我的一生增加了漂泊感，但也讓我們家真正跨出島國台灣，睜大了眼睛，看到了世界。如果沒有這個轉折，在台灣過完一生，我不認為是好的選擇。

我的女兒昱欣畢業於聖地牙哥的加州大學，並前往波士頓就讀塔夫斯大學牙醫學院（Tufts University School of Dental Medicine），成為牙科醫師；昱佳畢業於新罕布夏州的達特茅斯學院（Dartmouth College），並在加大柏克萊分校獲得MBA學位；昱姍則獲得加大柏克萊分校的電腦科學（Computer Science）學士及麻省理工學院（MIT）的MBA學位。

最美好的時光

昱欣在加大聖地牙哥分校念書時，春梅在附近德爾馬（Del Mar）的社區，買了一棟有保全人員的房子。那個社區約有一百戶，在山坡上，緊臨五號高速公路。

我們有一個長滿天堂鳥花的後花園，並有一個很大的自動調節熱水池；客廳裡，擺了一台捷克製手工小型平台鋼琴。社區裡還有游泳池與健身房，房子靠近拉霍亞高爾夫球場，又近拉霍亞美麗的海邊。

聖地牙哥天氣非常舒適，風景絕佳，每一次去，都覺得非常快樂，那是我與春梅擁有的最美好且令人想念的時光。

感謝妻子的扶持

昱姍念大學時，我們在柏克萊分校北校區附近買了一間簡單而舒適的公寓，那是我們在美國的第二個家，昱姍很喜歡。這個公寓很有柏克萊大學城的韻味，附近的咖啡廳常有學生或教授埋首電腦工作。

三個小孩陸續到美國念書時，我們把台北四維路的房子出租，搬到龜山鄉長庚醫護社區，一直到二〇〇二年我離開長庚，住了有十年之久。

我把這段「搬家」的歷史流水帳式回憶一遍，目的是表示對春梅扶持這個家的感謝。沒有她的投入與照顧，我的一生將是一團亂。有時，我甚至認為自己某種程度是太過自私，擔心自己對家庭付出太少。

子女陸續成家

二次世界大戰美國名將麥克阿瑟說：「老兵不死，只是凋零。」（Old soldier never dies, just fading away.）從外科職場逐漸退休後，我難免有很大的失落感。在這逐漸淡出的暮年，三個女兒陸續結婚成家，是春梅與我最大的安慰。

大女兒昱欣國小畢業後，前往美國念中學，畢業於加州大學聖地牙哥分校，最後從波士頓的塔夫斯大學牙醫學院畢業，是個牙醫師。有次回台渡假時，偶遇廖運範與黃妙珠的長男博文，兩人一見鍾情。雙方家長安排了一趟花東之旅後，結果緣定終身。

昱欣決定，要在台灣結婚、工作，因此必須通過考試院考選部的牙醫高考。我很不忍心看她為了台灣牙醫執照甄試而苦念中文的認真情景，因為她的中文只有小學程度，但最終「愛」能戰勝一切。

二〇〇三年，昱欣與博文在圓山飯店俱樂部舉行婚禮，婚後育有一男一女，也是春梅與我在台北退休生涯中，每星期五聚會最期盼的要角。

二女兒昱佳在加大柏克萊分校念哈斯商學院（Haas Business School）MBA時，與來自蒙大拿的同班同學道格（Doug Brown）相識。我到現在都記得，在柏克萊附近大華超市的一家中國小餐館，第一次與道格見面，他太過誠懇而偶有尷尬的情景。

昱佳是最會安排自己生活的人，她的婚禮安排在道格家鄉蒙大拿博茲曼市（Bozeman）的一處鄉下古老糧倉舉行，由道格的姐夫詹姆斯當牧師主持；他們只邀請了一些在地及大學的朋友，也決定採取非常不正式的穿著，例如：不打領帶、新郎和新娘都穿涼鞋，令人難忘。他們現在住在舊金山南邊的伯靈格姆

（Burlingame），在舊金山市工作，也育有一男一女。

小女兒昱姍，大學畢業後，又到麻省理工學院念MBA。二〇一二年時，與長期追求她的韓裔第二代崔亨利（Henry Choi）在夏威夷考艾島（Kauai）結婚，那是一場近似王子與公主般的夢幻婚禮。

他們在海灘上舉行戶外婚禮，遇上難得的雨後晴天。我記得他們又唱又跳的幸福情景，以及我牽著她走上紅毯的那段路。昱姍在送我的小絲巾上繡著：

在我們一起走過的無數路程中，這一段是我的最愛。

Of all the walks we've taken together, this one is my favorite.

他們同在曼哈頓工作，住在布魯克林一棟古老的赤褐色石頭建築，也育有一男一女。

親子關係是任務也是緣分

最近，有人傳給我一段文字訊息。

一位大學生寫到：

「我欽佩一種父母，他們在孩子年幼時給予強烈的親密，又在孩子長大後學會得體地退出。

「照顧和分離都是父母在孩子身上必須完成的任務，親子關係不是一種恆久的占有，而是生命中一場深厚的緣分。

「我們既不能使孩子感到童年貧瘠，又不能讓孩子覺得成年窒息，做父母是一場心胸和智慧的遠行。」

我非常欣賞這段話，只是我認為，應該由為人父母的一方來陳述。我認為，父母與子女的關係是一種任務，而不只是緣分；在我們照顧兒女的同時，上天也賜予了父母照顧孩子童年時期的無窮喜悅。

三、退休後的生涯點滴

半退休之後，與朋友或以前的醫師同事相見的場合，大都在每星期六或日的高爾夫球場。

打高爾夫，是因王永慶董事長大約在三十幾年前（一九八三年），把桃園龜山鄉育志牧場的一片土地改成長庚高爾夫球場，長庚醫院的員工可以六十萬元成為會員，我們一些打網球的醫師都陸續改打高爾夫球。

當時，高爾夫球有點貴族運動性質，如果不是在長庚醫院服務，我們可能喪失這個幾乎影響一生的良好運動。

高爾夫球成為我們休閒社交及朋友間的連繫管道，我們先後成立了長庚高爾夫球隊與「ＬＫＫ高爾夫球隊」，現在則是大家每星期一次隨興而來，但人數愈來愈少、年紀也愈來愈大的「週末老人隊」。我與春梅都很享受這些打高爾夫球的時光，有時在美國、日本、泰國、菲律賓、加拿大及法國開會或觀光時，也有過打球的美好回憶。

沉浸於音樂的時光

二〇一〇年之後，每星期一下午，我們在廖運範醫師及黃妙珠醫師所創立的「博紹文教基金會」有兩小時的合唱聚會。團員都是一些退休的老師，大都是廖運範及黃妙珠的親朋好友，或從前北一女的同學。合唱團老師來自羅東，出身正規美聲訓練，真是因緣際會，很適合教導這群有點五音不全的老人。

初中時，我就很喜歡上音樂課，可惜音色與音準都普通，唱不了高音或低音；但在醫學院就讀時，曾參加杏林合唱團。二〇〇四年左右，有段時間我參加了義光教會[16]的義光合唱團，我很喜歡那個場合，而那幾年來，合唱技巧及發音大有進步，現在偶爾表現一下，也有人不吝給予一些讚美，算是人生一大收穫。

熱鬧之餘的沉靜

我雖然喜歡熱鬧與朋友，但卻有點孤僻。

退休後有太多的空閒時光，只能自己一人「孤芳自賞」到處漫遊。我常去的是木柵的台北市立動物園及貓空樟樹步道。台北動物園的貓熊，是最吸引人的動物，但我最喜歡的卻是徒步繞行動物園一圈，因為園內植物與林木多樣而茂盛，又有良好的步道；乘坐貓空纜車到貓空，非常便宜、經濟而實惠，沿途空中風景及翠綠樹林及茶園，更是賞心悅目。

我喜歡走趟約一小時的貓空「樟樹步道」，看看與童年時光相似的田園及農舍。

有時，我也會獨自一人乘坐捷運到淡水站，再搭乘渡輪到淡水對岸的八里，在那裡租一輛捷安特腳踏車，買一份甜甜圈的變形「雙胞胎」及礦泉水，沿著淡水河西岸，騎到關渡大橋；回程時，或許在渡輪上還會看到有名的夕陽美景「淡水暮色」。

退休後，也偶有機會與非醫界的友人，例如：經商有成的林茂吉先生、筆名CoCo的政治漫畫家黃永楠先生，在星期四漫遊台北近郊群山，享受走路漫步與鄉間美食。二〇一二年，我們三人還曾開車環台一週，很難忘記花東縱谷的景色，以及林茂吉先生的敞篷賓士跑車。其實，台灣山水景色從不改變，改變的是我們生活的態度。

信手拈來，引用清末民初風流才子易實甫的一首小詩為證：

青天無一雲，青山無一塵；天上唯一月，山中唯一人。

此時聞鐘聲，此時聞松聲；此時聞澗聲，此時聞蟲聲。

注

16. 林義雄夫婦舊居，血案後捐獻成立。

四、偶然進入「外科史」

二〇〇二年，我參加在加州拉霍亞舉行的太平洋小兒外科醫學會後，順路探望在加大柏克萊分校就讀的兩個女兒。

當時，我在長庚醫院服務期間的同事，廖運範醫師與黃妙珠醫師夫婦，剛好也在舊金山參加醫學會議。我們兩對夫婦相約前往納帕附近索諾馬谷（Sonoma Valley）的一家溫泉渡假旅館度過一晚，隔天早上打了一場高爾夫球。

我記得回到柏克萊是六月中，很舒適的一個中午，黃妙珠醫師提議逛書店。

柏克萊是一個大學城，在學校西側夏塔克（Shattuck）街上有一家歷史悠久、頗負盛名的巴諾書店（Barnes & Noble）。黃醫師對醫學人文頗有興趣，一頭栽進有關醫學與人文方面的書堆裡。不久，她喊了我一聲：「林醫師，這本外科醫師寫的書，你看看。」

偶遇好書，意外迎向新領域

她不經意給了我這本《一位外科醫師的修煉》（*Complications: A Surgeon's Notes on an Imperfect Science*）的英文版，我在飛回台北的華航班機上就看了一半——從來沒有一本書讓我這麼感動。

這本書的作者葛文德（Atul Gawande）是印度裔，父親是泌尿科醫師，母親是小兒科醫師。他畢業於哈佛大學醫學院，在麻州總醫院接受外科住院醫師訓練。

葛文德把他在麻州總醫院住院醫師訓練期間，對外科在未臻完美科學下的種種困境，很精闢且幽默地寫出。這本書後來由黃達夫醫學教育促進基金會贊助，廖月娟女士譯成中文《一位外科醫師的修煉》，天下文化出版，我還特別寫了一篇很長的導讀〈感動與震撼〉（見附錄）。

這本偶然相遇的好書，讓我在半退休後，陸續翻譯了四本有關外科醫師的傳記，共計超過百萬字。

這四位外科醫師，分別是韓德仁（W. Hardy Hendren III）、莫爾（Francis D. Moore）、史達策，以及霍斯德。很巧，這四位醫師剛好代表了近年外科發展的脈絡與基石。我在中國醫大教授「醫療與文明」及部分「醫學史」課程，就是以這四位外科醫師的傳記為主軸。

霍斯德，現代外科之父

霍斯德是現代外科之父，他的外科學派被後人尊稱為霍斯德外科學派（Halstedian Surgery）。

他在瓊斯・霍普金斯醫院擔任外科主任時，對甲狀腺、乳癌、腹股溝疝氣、膽道手術等，設立了標準手術流程；另外也設立了外科次專科，如：神經外科、泌尿科、耳鼻喉科等，讓手術更加安全，合乎科學及有效性。而我認為，更重要的是，他建立了外科訓練的最佳模式，行之百年仍擲地有聲。

一百年前，霍斯德就主張，外科訓練中必須有一段時期到實驗室做動物實驗，必須有某種程度的病理訓練，且每年的訓練應該逐年加重責任，在指導下應有機會獨立進行手術；而在最後一年的訓練中，還必須承擔教學及某種程度的行政責任。他主張，外科訓練，尤其外科領導者，養成時間須達八年。

霍斯德的這種理念，或許可稱為霍斯德外科學派，而依此訓練出的第一代弟子共有十七位，後來都成為美國許多醫學中心的外科主任或領導者，如：彼得布萊根醫院（Peter Bent Brigham Hospital）[17]首任外科主任庫興（Harvey Cushing）、瓊斯・霍普金斯醫院外科主任布萊洛克（Alfred Blalock）、加大洛杉磯分校首任主任

注

17. 現為布萊根婦女醫院（Brigham and Women's Hospital）。

朗邁爾（William P. Longmire）、杜克大學外科主任薩比史東（David Sabiston）等。

甚至有人說，如果仔細追溯，現今美國外科醫師或多或少都可連繫到霍斯德。

莫爾，美國最有影響力的外科醫師

莫爾是美國外科史上最有影響力的外科醫師，他畢業於哈佛大學醫學院，在麻州總醫院完成外科住院醫師訓練後，短短五年內，時年三十八歲的他就晉升為教授（Mosley Professor of Surgery），以及彼得布萊根醫院最年輕的外科主任。

在莫爾接近三十年的外科主任生涯，他讓彼得布萊根醫院成為全球對醫學最有貢獻的醫院，也讓他成為一九六三年《時代》（*TIME*）雜誌的封面人物，引領風騷幾近半個世紀。

莫爾在八十八歲逝世，《紐約時報》（*New York Times*）曾以「外科最有創見的領導者」（Innovative Leader in Surgery）稱頌他，並認為他對人身的水分與化學組成、器官移植及對外科病人的代謝照顧，有非常巨大的貢獻。

史達策，肝臟移植先驅

史達策是肝臟移植的先驅，是讓外科從摘除進入給予新時代的開拓者。他在科羅拉多州丹佛市，率先把動物實驗中的肝臟移植首次應用於人體，只是當時沒有理想的抗排斥藥物，存活率非常不理想，甚至引起該州州長對每年花費龐大經費進行肝臟移植的效率產生疑慮。

九〇年代初，史達策搬往匹茲堡，適逢環孢靈（Cyclosporine）與他克莫司（FK506）等抗排斥藥物相繼問世，開展了肝臟移植手術。

在全盛時期的九〇年代，曾創下每年數百例紀錄，讓匹茲堡成為全世界器官移植的「麥加聖地」，幾乎全世界所有肝臟移植手術醫師都曾前往匹茲堡進行或長或短的參訪或研究。

台灣也不例外，例如：高雄長庚陳肇隆醫師、中國醫大附醫鄭隆賓醫師、台大李伯皇醫師等，都曾躬逢其盛。

韓德仁，完成近三百例泄殖腔手術

韓德仁是波士頓兒童醫院的外科主任，曾做過近三百例的泄殖腔手術。這些病例的完全矯正手術常常必須費時十二小時，有的甚至三十六小時之久。這種長時間且須完全專注投入的手術，不但需要精確的外科技巧，更需要堅強的體力，更重要的是要有完全的奉獻及愛心。

我個人認為，外科手術由霍斯德百年前的「手術」醫師，發展到韓德仁這種「開刀」境界，應屬外科發展的頂尖高峰。

今後的外科，經過這個高峰後，已經走向微創，也就是腹腔鏡（Laparoscopic Surgery）、胸腔鏡（Thoracoscopic Surgery）、內視鏡（Endoscopic Surgery）等手術，

甚至是機器人手術（Robotic Surgery）的另一時代。未來，外科無疑將進入具有無窮想像空間的生物科技年代。

上天賜予的恩典

我從外科生涯漸漸淡出後，陸續把前述四位外科醫師典範的傳記翻譯成中文，一方面瞭解百年外科歷史演變，一方面做為在中國醫大通識教育「醫學史」、「醫療與文明」，以及「醫學與人文」部分課程的主要教材。

這段「偶然」的緣分，其實是一個巧合，並沒有刻意安排。從偶然閱讀了葛文德《一位外科醫師的修煉》，到韓德仁《愛的再造：韓德仁和波士頓兒童醫院的醫療奇蹟》、莫爾的《奇蹟與恩典：細數半世紀來的外科進展》（*A Miracle and a Privilege: Recounting a Half Century of Surgical Advance*），再到史達策的《拼圖人：一個器官移植外科醫師的回憶錄》（*The Puzzle People*），最後回溯到現代外科之父霍斯德的《手術刀下的奇才：現代外科之父霍斯德的傳奇生涯》（*The Bizarre Double Life of Dr. William Stewart Halsted*）。

我認為，自己一生所從事的外科工作，本身就是一種奇蹟，而我成為外科醫師，更是上天給予我的一種恩典。

附錄——作品介紹

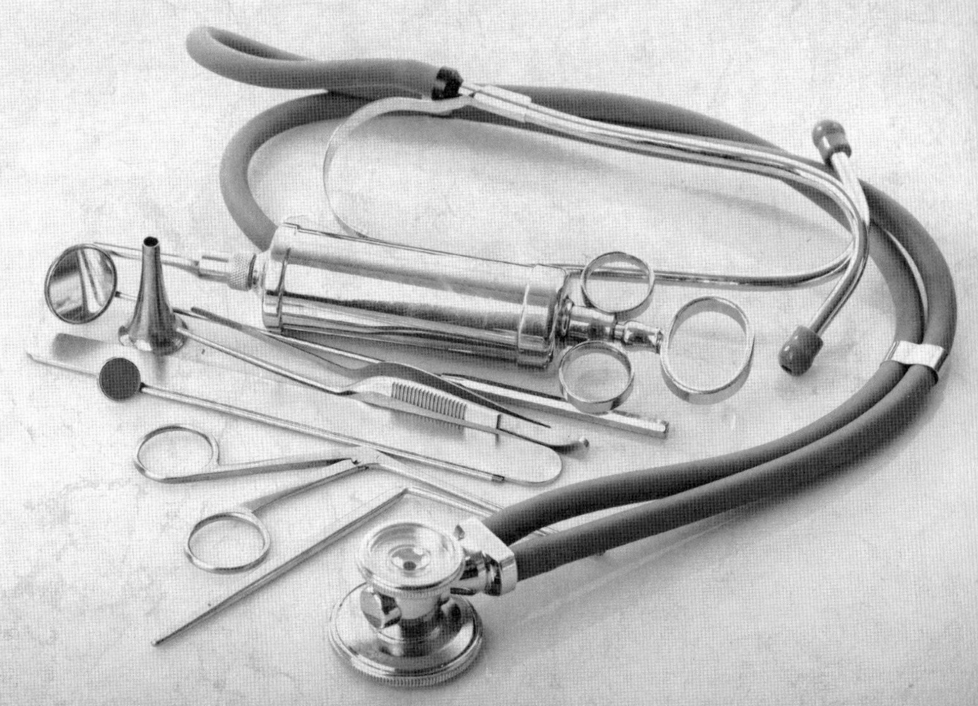

一、半世紀來的台灣外科

原載於《台灣醫學半世紀》，橘井文化

台灣近代醫療起源於十九世紀時的西方醫療宣道、一八九五年日本殖民台灣引進以台大醫院為主的德日醫療體制，再加上一九四九年撤退來台的國防醫學院，以及其帶來的協和、湘雅、軍醫學校傳統，又混合了美國醫療體制，這三大體系——台灣教會體系、台大體系、國防醫學院體系，構成了現今台灣醫療三大主流。

六〇年代是台灣外科發展的黃金時期。台大外科體系與國防醫學院外科體系仰賴中華醫學基金會（China Medical Board, CMB）與美國醫藥援華會[18]（American Bureau for Medical Aid to China, ABMAC）的資助，協助許多醫師前往美國進修，促成台灣外科醫學不論深度與廣度都有蓬勃進展。

茲就外科各次專科的一些指標性發展分述如下：

(一) 麻醉學

麻醉是外科手術安全進行的重要支柱。台灣麻醉學的發展，必須歸功於國防醫學院體系三軍總醫院的王學仕。

王學仕於一九五二年至一九五四年赴美國哥倫比亞大學進修麻醉學，並爭取到前往威斯康辛大學附屬醫院擔任麻醉住院醫師的機會。

他在台灣首度介紹氣管內管全身麻醉術（Endotracheal General Anesthesia），代替了不安全的開放點滴乙醚法（Ether Open Drops Anesthesia）；使用笑氣（N2O）、福祿仙（Halothane）等無燃燒性吸入麻醉劑氣體，讓手術中可用電燒灼法止血；引進肌肉鬆弛劑，例如：箭毒素（Curare）和琥珀膽鹼（Succinylcholine）等應用，讓腹部手術較容易

注

18. 現為美國在華醫藥促進局。

進行。

王學仕還有一項更重要的貢獻，就是建立國防醫學院體系的麻醉傳統，至今仍是台灣各醫院麻醉的領導人物，例如：先到馬偕醫院再轉至長庚醫院的譚培炯。

㈡一般外科

一般外科是外科的根本。六〇年代，台大擁有最完整的一般外科，高天成在一九四九年進行了台灣首例以胃十二指腸吻合術來重建次全胃切除（Billroth I Subtotal Gastrectomy）。

林天祐的手指切肝法，在一九五四年已是肝癌手術聞名世界的創舉。許書劍、陳楷模、魏達成的消化道手術引領群雄。

至今，台大外科仍是台灣外科的領頭羊。

㈢胸腔外科

台大林天祐在一九四九年即在外科門診部貼出「肺結核外科療法相談所」的廣告，並在該年完成開胸手術。

林天祐擔任台大外科主任時期，特別注重胸腔外科及心臟外科。當時有一種傳言，認為胸腔外科總住院醫師（Chest CR）是CR中的CR。其中包括余獻章、翁廷銓、陳江水、李俊仁、洪啟仁、謝健民、陳秋江等。

一九五一年十二月二十八日，林天祐施行首例食道癌手術，在開胸手術及食道手術居領導地位。

一九五〇年，國防醫學院盧光舜前往美國哈佛大學進修胸腔外科，尤其肺結核的肺臟切除手術；一九五四年，開始做食道癌的切除與重建。

一九六五年，王丕延奉派前往紐約紀念史隆凱特靈癌症研究中心（Memorial Sloan-Kettering Cancer Center）進修食道切除及重建手術，是傳承國防體系胸腔外科的鼻祖。

(四)、神經外科

一九五六年，三總施純仁前往加拿大麥基爾（McGill）大學跟隨神經外科泰斗潘菲爾德（Dr. Wilder Penfield）進修兩年，回台後，在王師揆主任領軍下，發展具有特色的國防體系神經外科。

一九六七年，施純仁擔任三總神經外科主任，後繼者沈力揚前往塔夫斯大學的新英格蘭醫學中心〔Tufts-New England Medical Center，現已更名為塔夫斯醫學中心（Tufts Medical Center）〕進修，於一九七五年出任榮民總醫院神經外科主任。高醫洪純隆一九七五年到三總，師事施純仁主任，往後開展了高醫神經外科。

台大高天成，早期曾經以大腦額葉切除治療精神分裂病人。

一九五六年，張簡耀雖已做開顱手術，但腦瘤切除的死亡率偏高，以後神經外科發展也並不順利。

林成德曾在美國德州完成五年的正式神經外科訓練，一九六七年回台大，但在一九七二年移民美國而離職。

(五) 心臟外科

一九五八年，三總俞瑞璋由中華醫學基金會資助前往美國明尼蘇達州大學追隨大師李拉海（C. Walton Lillehei）學習心臟外科一年三個月；一九六〇年三月十四日，他完成首例心房中隔缺損修復的開心手術。國防外科體系的開心手術確曾風光一時，但他在一九七六年宣布退休，開心手術頓時停滯。

一九六〇年，哥倫比亞大學醫學院外科主任韓復瑞教授（Dr. Humphreys）應林天祐之邀，在台大擔任客座教授。由於他的協助，加上中華醫學基金會資助，獲得台大醫院第一部心肺機。

一九六三年，洪啟仁由中華醫學基金會資助，前往哥倫比亞大學進修心臟手術，一九六五年學成歸國，成功施行先天性心臟病開心手術。

一九六五年，許光鏞以Starr-Edwards球形人工心臟瓣膜成功施行僧帽瓣膜置換術。

七〇年代，開心手術蓬勃發展，變成台大外科的特色。此後朱樹勳由德州心臟學研究所（Texas Heart Institute）的庫里醫師（Dr. Denton Cooley）處返台，更使台大外科成為開心手術的「麥加聖地」。

㈥小兒外科

台大在一九五三年八月，即由洪文崇創立小兒外科。他是台灣小兒外科先驅，對膽道閉鎖症及先天性巨大結腸症的手術治療頗有貢獻。

一九六六年，陳秋江前往哥倫比亞大學嬰兒醫院（Babies Hospital）師事桑杜利（Thomas V. Santulli）及史林格（Schillinger）進修小兒外科，奠定了小兒外科各種指標性手術的標準步驟。

一九七一年，陳維昭前往日本仙台東北大學，追隨葛西森夫（Dr. Kasai Morio）進修小兒外科，一九七六年獲得博士學位返台，對推廣靜脈營養臨床應用頗有貢獻。

(七) 整形重建外科

台灣教會體系的羅慧夫，他於一九五九年在馬偕醫院創立整形外科，並於一九六六年成立「唇顎裂治療中心」，訓練出林秋華、陳明庭、蔡裕銓等台灣整形外科的領導人物。

一九七六年，羅慧夫與蔡裕銓轉到新成立的長庚醫院，進一步培育出陳昱瑞的顱顏外科及魏福全的重建顯微手術。

長庚顱顏外科團隊，包括：陳昱瑞、陳國鼎、羅綸洲、陳建宗等人，是世界顱面外科（Craniofacial Surgery）的標竿中心。

長庚的重建顯微手術團隊，包括：魏福全、陳宏基、莊垂慶等，是頭頸部癌症切除、肢體外傷後重建，臂叢神經移植及顏面神經麻痺等重建顯微手術的世界性中心，魏福全並以相關傑出研究，於二〇一二年當選中央研究院首位外科背景的院士。

(八) 器官移植

器官移植，是衡量外科進展的指標之一。

一九九〇年諾貝爾生理學或醫學獎得主墨雷（Joseph E. Murray）於一九五四年施行的同卵雙胞胎腎臟移植，是外科由「摘除」進入「給予」的標竿。

一九六八年五月二十七日，台大李俊仁及李治學完成台灣首例腎臟移植；一九八四年三月二十三日，長庚醫院陳肇隆完成台灣首例肝臟移植；一九八七年七月十七日，台大朱樹勳完成台灣首例心臟移植。

(九) 微創手術

二十世紀末，由於器械及電腦科學的進步，外科手術趨向於「微創」，包括：腹腔鏡手術、胸腔鏡手術、內視鏡手術、機器人手術等，都是潮流所趨。微創手術廣植於所有醫院，對台灣外科發展有深遠影響。

結語

現代外科學是一九四五年二次世界大戰後，醫學重鎮由歐洲轉往美國後的產物。它循著摘除（Ablative）、重建（Reconstructive）、器官移植（Organ Transplantation），邁入微創手術時代。台灣外科也是循著這個模式，只是發展落後美國約十五年至二十年。半世紀來的台灣外科在台灣教會體系、台大體系及國防體系三大主流引領下，有讓人驕傲的成就。

值得一提的是，一九七六年成立的「長庚外科體系」，在重建整形、器官移植、心臟手術，甚至大腸直腸外科、小兒外科等的表現，頗令人注目。這四大外科體系是台灣外科邁入新紀元的主要原動力，將帶領台灣外科朝向一個更科學，更有效、更安全的醫療專業。

二、感動與震撼

原載於《一位外科醫師的修煉》，天下文化

也許我個人的訓練背景——在台大醫院當完總住院醫師後，又到美國底特律當固定外科實習醫師（Straight Surgical Intern）及在匹茲堡兒童醫院受過小兒外科住院醫師訓練，多少對美國外科訓練有一分熟悉感，所以較易引起共鳴。但誠如作者在自序中所說：「住院醫師可以從一個特別的角度看醫學：你是局外人，什麼都看在眼裡，事情發生時往往不能置身事外；同時，你卻能用新的角度來看。」

除了書中所傳達的觀念外，這本書使我感動的另一個原因是故事中的人，包括：患者與醫師。

正如作者所說：「我覺得最有意思的還是日常、實際的行醫經驗。我很好奇，當簡單的科學原則碰上複雜的個體會擦出什麼樣的火花？在現代生活中，醫院、診所比比皆是，每一個人或多或少都有就醫的經驗，然而我們卻不一定看得到醫學的真相，甚至常常對醫學有所誤解。其實，醫學沒有那麼完美，也沒有那麼神奇。」

這本書的英文書名「併發症」（Complications），出自於所有醫療過程中無可避免地會有出乎意料的轉折。

本書分為三部：第一部主要描述新手如何變成外科醫師、外科在醫療上的兩難困境，以及什麼是好醫師，而好醫師如何變壞；第二部描述的是醫學上的奇蹟與未知，醫師如何盡其所能地治療這些病人；第三部則是描寫病理解剖的重要性、手術同意書行使的迷失，以及醫療工作的不確定性。

一把刀的修煉

第一章〈一把刀的修煉〉，非常值得仔細品味。

一般人，甚至外科以外的醫師，都不免會以為外科手術的技術取得有一定的規則可循，其實外科生涯是「走走停停，蹣跚而行，甚至在羞辱中取得技術與信心」。所謂的手術規則，甚至先進的假人，都只能協助學習而不能替代學習。

醫師實習的對象，很殘酷地，還是病人。

教學醫院的外科醫師一方面要給病人最好的照顧，另一方面必須給初學者有實際動手的經驗，文中所說的「學習是隱蔽的，甚至是偷來的」，可說相當傳神。而書中提起的另一個事實與我的經驗吻合。

在美國，住院醫師的實習對象很多是那些「貧窮、沒有能力買保險、酗酒或痴呆、無法求診到指定主治醫師」的病人，作者認為，一個外科醫生的完全成熟通常是靠這些社會最底層的人。我自己在底特律的市立醫院當實習醫師時也確實有這種感覺。

電腦與血氣工廠

〈電腦與血氣工廠〉首先描述瑞典蘭德大學醫院的心臟科主任以他的專業與人工智慧競賽，判讀心電圖上的心肌梗塞，結果是機器比人類正確二〇%。作者接下來描述一種簡單的外科手術——腹股溝疝氣修復術。

這種手術在加拿大多倫多附近的修代斯醫院，只需要三十到四十五分鐘，手術費兩千美元，復發率只有一％。

相比在美國，腹股溝疝氣修復術平均需要費時九十分鐘、花費兩倍的手術費，同時復發率多達一〇％。這種差異在於，修代斯醫院的十二位醫師只做疝氣手術，因此累積了豐富的經驗。

哈佛小兒外科醫師李珀（Lucian Leape）說：「專家的特質在於他能把問題的解決變成自動模式——重複使智慧變得自動與自然，正像開車一樣。」所以作者提出他的論點：如果以心電圖判讀的例子來看，認為機器應該代替醫師，那麼，「修代斯的例子就暗示，醫師應該訓練得像機器。」

大多數醫師大概不會同意這種論點，但是人工智慧網路對數據的處理，確實要比醫師來得周延而客觀，現今及往後的醫師應該學習的是如何妥善應用，以彌補人類思維的盲點。

「疝氣工廠」這種模式雖然非常專業，但有時不免操作過度，而使得醫師忘記治療的是「人」而不是「病」。葛文德在書中多處呈現出這種專業化的缺失，醫師不能不警覺。

醫生也會犯錯

第三章談的是醫生犯錯。

在醫療上有一個不容否認的基本事實：所有的醫生或多或少都會犯錯。社會大眾，尤其是律師與媒體，都認為醫療過失基本是壞醫師的問題，其實是極大的誤解；而醫療過失訴訟更使過失魔鬼化，讓醫生無法承認或公開討論自己的過錯，讓病人與醫師敵對，兩邊各自編造相反的「事實」。

作者在文中以很多篇幅描述每個醫學中心都會定期舉行的「併發症與死亡病例討論會」。這種同儕之間的自我檢討，關起門來討論不幸事件或者死亡原因，我個人認為是避免重複犯錯、而且能給予年輕醫師最好教育的方法。

美國外科醫學會年會

第四章描述每年一度的美國外科醫學會年會。

也許有人認為，這個年會社交成分大過學術，但我個人參加了幾次，仍然認為是值得的，更可藉此一窺最近外科新貌。你可以在外科論壇（Surgical Forum）聽到最新的組織工程研究、年輕研究者的外科狂想與一些令人稱奇的另類想法；你也可以看看腹腔鏡及其他新的外科手術電影；甚至在展覽館裡也可以學習到許多新的技術。

我個人還參加了許多專科的醫學會，目的除了拓寬視野，深入問題的討論之外，還有強迫自己每年發表論文。

利用這些醫學會給自己壓力，同時也與世界各國專家結交一種「華山論劍」的情誼。現在回顧自己的外科生涯，我認為，以這種態度參加各種醫學會是我最大的成就。

當好醫師變成壞醫師

第五章是〈當好醫師變成壞醫師〉。

作者以一位五十六歲的優秀骨科醫師因憂鬱症所致，對病人的醫療愈來愈草率，因而引起許多併發症為主軸，描述「好醫師轉壞」這種常被忽略的問題。

根據美國的統計，有三％到五％的執業醫師在某些時候不適合診治病人，但正如作者所說：「就像家人面對要把老祖母的駕駛執照吊銷時的心境一樣。」醫界通常選擇沉默以對，等到事情變得非常嚴重，對病人與醫生的傷害都變成無可挽救時，才有動作。

更困擾的是，有問題的醫師通常會否認自己身心狀況有異，拒絕就醫治療。

在台灣醫界，我猜想這種不適任的問題醫師不會更少，對病人的傷害也不會更輕。台灣醫界的環境，也正如全世界一般，緊密而封閉。對一位有心理疾病的不適任醫師，除非已經造成很重大的傷害，否則同儕及醫院不會付諸行動，實在值得醫院管理單位的重視。

醫學的謎團

第二部的主題是「神祕」，每個故事各有其難解之謎。作者不愧為《紐約客》（*The New Yorker*）專欄作家，不論是中年建築師的不明疼痛、無藥可解的孕吐、女主播的臉紅之惑，或是減肥與復胖的故事，他都鋪陳得有如偵探小說，步步扣緊讀者的注意力。掩卷之後，深感醫學這門學問是如此的深奧複雜，醫學的謎團怕是永無完全解開之日。

診斷的不確定性

第三部的主題是「不確定性」。〈最後的一刀〉描寫病理解剖日漸凋零的情況及其影響。

第二次世界大戰後，病理解剖在歐洲及北美幾乎是病人死後的常規檢查，但現在美國的病理解剖率已經低於一〇％。

大部分的人可能會聯想到，這是因為醫院想省下保險公司不給付的死後解剖費用，或者醫生想隱匿錯誤的診斷與治療；但作者認為，最重要的原因是不斷開發的新診斷技術，例如：超音波、電腦斷層攝影、磁核共振影像等，使醫生對診斷及治療的正確性信心大增，認為不需要病理解剖來確認。

作者進一步說，以現在的醫學科技而言，我們很容易以為嚴重的錯誤診斷率不會超過一％或二％，但根據一九九八年及一九九九年的三個研究報告顯示，錯誤診斷率其實高達四〇％，而其中大約有三分之一的病人如果診斷正確，可能會存活下來。

在十多年前，醫生治療病人前很少詢問病人的意願，甚至隱瞞重要的資訊，例如：病人服用的藥物、將要接受的治療，甚至正確的診斷等。

病人被當成小孩，而醫師像父親，但這種狀況慢慢在改變。本書以一位罹患乳癌的二十一歲女孩為例，目前醫界對乳癌的治療通常不外乎以下兩種方法：乳房切除術或是可以保留乳房的放射線照射，兩種方式的存活率差不多。這個女孩的外科醫師告訴她兩者的利弊，讓她做決定，最後病人選擇放射線照射的手術方式。

當然，有些醫師會懷疑，如果連醫師都無法決定哪種治療方式較佳，那麼病人如何能做出明智的決定？或者，如果明知病人做出不適當的選擇時，醫生要怎麼辦？

一些較保守的醫師主張，一切以病人的選擇為依歸，但更有良知的醫師會花更多的時間與病人溝通，有時也會請病人尋求其他醫師的意見，也就是「第二意見」。其實，有不少病人會把選擇權賦予醫師，因為病人很高興自主權被尊重，但更高興有人替他做決定。

直覺與謹慎

最後一章，是我個人認為最有意義且有同感的一章，內容描述一位二十三歲的年輕女孩因為腳上起泡發炎、紅腫漸漸蔓延到膝蓋，看來就像細菌感染引起的蜂窩性組織炎，但作者因為在幾星期前剛看過一位壞死性筋膜炎的病人，因而印象深刻。

壞死性筋膜炎是由劇毒A群鏈球菌感染，迅速侵犯到深層肌肉、血管、神經的病症。基於直覺，他懷疑眼前這位病人不是單純的蜂窩性組織炎。若要確定診斷，必須全身麻醉後作切片檢查，但是這種疾病非常少見，而「直覺」又不是邏輯思維的結論，如此情況該如何向病人及家屬說明及解釋？

結果，病人及家屬根據另一位醫師的第二意見，同意做切片檢查，結果果然是壞死性筋膜炎，在四天開了四次刀後，終於救回了這個年輕的生命，且保住了女孩的腿。

這本書代表美國醫療界的一股清流。這種如此「傳統」的醫療理念，竟然能存在於資本主義盛行的美國，讓我震撼。我希望，這本書不只是醫學生、醫師要看，就是一般民眾也要仔細閱讀。當更多的民眾瞭解醫療的真正本質時，好的醫師及好的醫療才可能出現。

三、真正的奇蹟

原載於《愛的再造》，天下雜誌

一九九七年，馬偕紀念醫院的張北葉與許錦城醫師邀請一位傳奇人物韓德仁教授來台訪問，那是我第一次認識他。記得在天母忠誠路的一家法國餐廳，我們這些小兒外科醫師為他準備一個歡迎晚宴。席間，他送我這本書，當時很快地看了一遍，只覺得是一本好書。

事隔六年，有一天，和信癌症醫院黃達夫院長在電話中提起這本書，認為這是不可多得的一本好書，他如數家珍地提出書中情節，讓我印象深刻。黃達夫院長更進一步說，應該有人將它翻譯成中文，讓醫學生及年輕醫生做為典範。

因此，我就把全書再詳細看了一遍，竟然被不少情節感動，幾次眼睛溼潤，闔書而不能自己。

作者米勒巨細靡遺地描述醫師與醫院的情感，以及病人家屬與醫師間的互動關係，令我震驚——難以相信，一位作家有這麼敏銳而深入的觀察與描寫，也因為作者如此嚴謹的寫作態度，讓我決定親自把全書譯成中文。

我沒有過任何譯作的經驗，但做為一個小兒外科醫師三十五年的生涯裡，韓德仁許多的觀點與作為，竟然與我那麼雷同。我相信，由我親自翻譯，更可以抓到書中主角韓德仁的精神。

醫者與患者的故事

這是一部醫者與患者的故事，不是醫療供給者與消費者間的故事，也不是外科或小兒外科的故事。這是一本必須仔細閱讀的書，字裡行間字字珠璣，值得一讀再讀，細細品味。

哈佛醫學院及波士頓兒童醫院今天的成就，絕不是偶然。

就小兒外科而言，由賴德（William E. Ladd）、葛羅斯（Robert Gross）、福克曼（Judah Folkman）、卡士塔尼達（Aldo R. Castañeda）、韓德仁一脈相傳，現在全美國檯面上的小兒外科風雲人物，大都是直接或間接從這個血統產生。

本書故事以一個泄殖腔女孩露西莫爾及其家庭為經、哈佛外科教授韓德仁及波士頓兒童醫院為緯，交織出現代醫學的發展、護理角色的巨大轉變、永遠不變的患者心境及醫生病人應有的相互體諒與珍惜。

真實且深入的手術過程

米勒在文中詳細的書寫手術過程，我個人認為這是作者花費相當大精力，敏銳觀察後極為得體而深入的敘述。這些看似太過詳細的描寫，其實可以給予一般人對外科醫師的看法，更加正確而接近事實。我期待讀者能耐心看待它。

我要特別感謝許芳菊總編輯，願意出版可能不屬暢銷性質的這本書，尤其敦請畫家奚淞老師幫忙畫了一幅油畫做為本書的封面。

許總編說：「奚老師是個很有修為的畫家，他從來沒接過這樣的請託，甚至也不開畫展，很少賣畫，書畫是他的修行。因為我向老師敘述我看此書時的感受，他很受感動，才破例為這本書畫封面，並將這幅畫取名為『愛』。」

以醫者之手，再創生命之心

這本書的書名也是許總編輯深思的結晶。她認為，書名應該呈現做為一個醫者，對於生命的珍惜與病人的愛的感覺。她與奚老師提到書名時，老師認為這本書應該讓一般讀者也想看，所以經過一番思考後，最後將書名定為《愛的再造：韓德仁與波士頓兒童醫院的醫療奇蹟》，希望更能拉近與一般讀者的距離，並詮釋韓德仁醫師以巧妙之手，再造一個小生命的愛心。

四、《拼圖人》導讀

原載於《拼圖人》，望春風出版社

回顧醫學史，我認為外科學近五十年來最大的發展在於從摘除（Take）的領域，進入移植（Give）的範疇。

一九五四年十二月二十三日，墨雷在波士頓的布萊根醫院成功施行在同卵雙胞胎間的腎臟移植，開啟了器官移植的濫觴，也讓他在一九九〇年獲得諾貝爾生理學或醫學獎。但人類主要器官移植的深入及進展，而能達到今日的蓬勃境界，仍必須歸功於一生致力於肝臟移植的先驅史達策。

史達策醫師於一九二六年三月十一日出生於愛荷華州李曼思鎮（Le Mars）。一九五二年畢業於芝加哥西北大學醫學院後，前往巴爾的摩瓊斯・霍普金斯醫院接受外科住院醫師訓練，並在布萊洛克（Alfred Blalock）及巴恩森（Henry T. Bahnson）指導下，參與心臟傳導系統與人工心肺的研究。一九五六年，他離開瓊斯・霍普金斯醫院，前往邁阿密大學，繼續完成兩年的外科訓練，並取得胸腔外科及一般外科專科醫師資格。

狗肝臟移植研究

史達策在邁阿密大學時，開始從事狗的全肝切除及移植手術研究；一九五八年重返母校西北大學醫學院，在外科部主任戴維斯（Loyal Davis）帶領下，擔任胸腔外科主治醫師。

當時，史達策獲得美國國立衛生研究院（National Institute of Health）研究經費，以及為鼓勵年輕研究學者而設立的瑪爾克爾獎學金（Markle Foundation Scholarships in Medicine），開始正式執行狗肝臟移植研究計畫。

不過，狗肝臟移植的存活率甚低。莫爾領軍的哈佛大學團隊及史達策領導的西北大學團隊，在一九六〇年四月的美國外科醫學會發表的結果，都只存活不到一個月。最主要原因是，當時缺乏有效而安全的抗排斥藥物。

史達策的團隊很辛苦地做了約兩百例狗肝臟移植，在技術層面突破許多障礙，但存活率仍然不高，因此無法獲得西北大學的全力支持。

一九六一年十二月，史達策轉往位於丹佛的科羅拉多大學，擔任外科副教授及榮民醫院外科主任。

第一例人體肝臟移植

一九六三年三月一日，史達策施行第一例人體肝臟移植，但因缺乏有效的抗排斥治療，連續三例均只存活數個月，他因此決定停止人體肝臟移植三年，全力投入肝門靜脈循環對肝臟再生的研究，因此發現胰島素等利肝因素對維持肝臟功能的重要性。

在這段自我設限的三年裡，抗排斥藥物的陸續發現，尤其抑彌朗（Imuran）、類固醇與抗淋巴球蛋白的混合使用，證明可獲得較佳而安全的抗排斥作用，終於促成史達策在一九六七年七月二十三日成功的第一例人體肝臟移植。換肝手術的受贈者是一位罹患無法切除的肝母細胞瘤（Hepatoblastoma）的十九個月大女孩，捐贈來自屍體肝臟。受贈者存活四百天，最後死於腫瘤復發。

一九六八年四月，史達策於美國外科學會發表在科羅拉多大學的七例人體肝臟移植成果，從此奠定了肝臟移植手術的可行性及其治療性。

肝臟移植一夕間蔚為潮流，器官移植中心及移植學會相繼設立。一九六八年環孢素（Cyclosporin）的發現及應用，更進一步改善了抗排斥作用藥物的療效及安全性，使心臟、肺臟、胰臟、小腸移植及多器官移植成功的病例與日俱增，因此啟動了器官移植新紀元。

一九八一年一月，史達策辭去科羅拉多大學外科主任職，前往匹茲堡大學任職。因環孢素及他克莫司（FK506）的發現及應用，讓匹茲堡大學醫院成為世界肝臟移植的中心。在八〇年代全盛時期，每年達成五百例換肝手術，全世界的肝臟移植醫師幾乎都要前往匹茲堡大學觀摩或研究，儼然成為器官移植的麥加聖地。

一九九二年，史達策六十五歲時，他突然宣布從此不再動手術，並且把一手建立的移植王國傳承給年輕一代。

深入且傳神的第一手資料

很少有一個外科醫師將他自己的生涯以第一手資料，親自描寫得如此傳神。史達策把動物室的艱苦研究生涯及應用於人體時所遭遇到的無可避免的失敗及孤獨，生動地描述在他的器官移植故事中。

一九六四年，他因為接觸患者血液而感染肝炎；一九七六年，他經歷了與太太離婚及兒子精神異常的家庭風暴；一九八六年，他因在手術中使用鐳射光止血，致使視網膜灼傷，幾乎半盲；一九九〇年，他罹患心肌梗塞，經過兩次冠狀動脈手術而得以倖存。

沒有人能像史達策那樣，用那麼深入的辭彙描述器官受贈者及捐贈者的內心世界。

醫療現場的感人故事

史達策有許多感人的故事，舉個例子來說：有一個來自愛荷華州罹患膽道閉鎖症的三歲男孩史潔達，因早期手術無效已呈末期肝硬化，需要換肝手術。

史潔達獲得丹佛市一位二十一個月大的腦死男孩的肝臟捐贈。這位捐贈者是被父母遺棄、法庭裁決置於收養家庭保護的兒童，卻又在新家中，因頭部遭重擊虐待致死。政府是他的合法監護人，但反而置他於死地。

當地的女法官聽說了這個故事，並獲知在匹茲堡有位等待換肝的小孩正面臨死亡的威脅，因此做出允許捐贈肝臟的裁決。當器官摘取小組在手術室摘取肝臟時，史達策看到那位受虐兒童全身及四肢散布著無數的香菸烙痕和瘀傷，整個團隊大為震驚，在手術過程中，沒有人說得出話來。

受贈者史潔達經換肝手術後恢復正常，十一歲時接受當時的美國總統雷根邀請，參訪白宮。

史潔達的母親從報紙中得知捐贈者的故事，這個悲慘的故事情節如影隨形，帶給她永遠不散的悲傷。

然而，史達策告訴這位母親：「史潔達的小捐贈者在丹佛被虐打致死的景像，仍是我經常的夢魘。這些情景，我永遠不會忘記。但我非常高興你那麼深愛史潔達。換肝手術讓這位被遺棄的可憐小孩身體的一部分，在你兒子身上終於找到一個神聖而安全的家。」

史達策醫師在書中又描述：「一個月後當他獨自坐在加拿大安大略的喜來登飯店晚餐時，餐廳舞台上有一個被鋼琴遮住的黑人歌手，正在唱一首情歌，他唱得非常悲傷而優雅，可能是他一生中唱得最好的一次。歌名是〈你永遠在我心中〉。他環顧四周，沒有人真正在聆聽。隨著歌聲，丹佛手術室內的悲悽情景不斷湧現。他放下沒有動過一口的整盤食物，走回房間。」

外科生涯的真正意涵

這不是一本可以在一星期內輕易瀏覽完畢的書。讀者必須詳細思考、用心體會，才能真正瞭解作者所要表達的真意。身為一個從事外科工作四十年而即將退休的外科醫師，我認為，幾乎不可能再有人可以那麼細膩地描述這種外科生涯的真正意涵。

五、《奇蹟與恩典》導讀

原載於《奇蹟與恩典》，望春風出版社

本書《奇蹟與恩典：細數半世紀來的外科進展》是莫爾醫師（Francis D. Moore）的自傳，也是莫爾一生（一九一三年～二〇〇一年）在家庭、醫院、外科、教學及研究生涯親身經歷的醫學奇蹟，以及上帝賦予的恩典交織而成的半世紀來外科進展的故事。

莫爾是一位外科醫師，畢業於哈佛學院及哈佛醫學院，並且在麻州總醫院接受外科應當與住院醫師訓練。完成訓練後，在麻州總醫院擔任四年的主治醫師及哈佛醫學院講師。他在外科臨床的工作廣受麻州總醫院當時許多傑出醫師的影響，對胃及十二指腸潰瘍的迷走神經切除、甲狀腺機能亢進的外科治療、潰瘍性大腸炎的全大腸切除及燒傷的治療，都有深入的涉獵。

但莫爾人生最大的改變，還是在亨丁頓醫院（Huntington Hospital）追隨核子醫學前驅大師奧布（Joseph Aub）做一年的放射性同位素研究室研究員。

外科邁入新紀元

此時，他以放射性同位素染料測定體內膿瘍位置，並開始研發以放射性同位素測定全身水分及身體組成的研究。五年間，他連續發表了極為重要的十五篇論文，因此於一九四八年七月一日，在差兩個月滿三十五歲、醫學院畢業不過九年時，就獲聘為布萊根醫院的外科主任及哈佛醫學院莫斯理外科講座教授（Moseley Professor of Surgery）。

莫爾的身體組成研究及一九五九年出版的《外科病人新陳代謝照護》（*Metabolic Care of the Surgical Patient*）一書，是奠定外科科學化的重要里程碑，從此外科照顧變成科學而標準化，讓全世界外科邁入新紀元。

同時，莫爾的成就還在於其領導能力。他讓當時只有兩百五十床的布萊根醫院外科成為當時腎臟及肝臟器官移植、心臟開心手術及外科最新進展最閃亮的舞台。

一九六三年，莫爾成為《時代》雜誌的封面人物，而布萊根醫院外科的故事也成為主要的封面故事。他甚至宣稱：「如果以每一塊磚頭計算，布萊根無疑是世界貢獻最大的醫院。」

他領軍的布萊根器官移植團隊在一九五四年首次成功移植同卵雙胞胎的腎臟移植，而他屬下的整形外科醫師墨雷（Joseph E. Murray），則在一九九〇年榮獲諾貝爾生理學或醫學獎。

做為一個領導者，莫爾在經過二十二年的奮鬥之後，合併四家哈佛附屬醫院，於一九八〇年成立布萊根婦女醫院（Brigham and Women's Hospital）。現在，這所醫院已有八百床，規模與學術地位約略與鼎鼎大名的麻州總醫院相當。

偉大的領導人物

莫爾一生與外科至少相連六十年。他在美國國立衛生研究院（National Institute of

Health, NIH）、美國國家航空暨太空總署（NASA）及三軍醫學大學長久參與公共事務，具有很大的影響力。

二〇〇一年十一月二十四日，感恩節後兩天，他與夫人吃完早餐後，進入家中辦公室，關上房門，親手結束自己的生命，享年八十八歲。母校校刊《哈佛校報》（*Harvard University Gazette*）以「美國外科史上最巨大的橡樹已倒」（The Sturdiest Oak in American Surgery Has Fallen）形容他的死亡；《紐約時報》也以「外科最有創見的領導者」（Innovative Leader in Surgery）來頌揚這位生逢其時、集外科所有榮耀於一身的偉大外科科學家。

做為一位外科醫師，當我把這本約二十萬字，字字珠璣而擲地有聲的自傳翻成中文時，難免有諸多感觸。已故台大醫院小兒外科教授陳秋江在他所著《小兒外科》的序言中曾說，第二次世界大戰後，台灣接觸西洋醫學才發現已落後歐美國家二十至三十年。

外科生涯的縮影

我晚莫爾醫師二十七年，他所經歷的外科進展，也正是我外科生涯的縮影，我很能夠瞭解他想表達的令人讚歎的外科奇蹟。而當我完成這本書的中文翻譯，才忽然驚醒，此刻正是自己外科生涯的退休之時。

這本中文書由望春風出版社社長林衡哲醫師出版，又經李禎祥編輯精心修潤，我把它做為給醫界同仁及所有醫學生的一件退休小禮物。

六、《手術刀下的奇才》導讀

原載於《手術刀下的奇才》，天下文化

當時，我在書中寫到：距今剛好一百年前的「佛烈斯那報告」（Flexner Report）不但是美國醫學教育的轉捩點，也影響了全世界。

一九〇八年，卡內基基金會出資委託佛烈斯那（Abraham Flexner）調查美國的醫學教育。當時的醫學院都是所謂的「學店」，由開業醫師集資設立，由開業醫師教授，學校經費仰賴學生學費，盈餘由這些出資的醫師均分。

報告中指出：許多醫學院圖書館缺乏書籍，沒有實驗室，臨床指導不足，缺乏研究，沒有醫學院掌控的教學醫院。

一百五十五所醫學院中，只有五十所附屬醫院與大學有某種關聯，其中又只有瓊斯．霍普金斯醫學院與哈佛的入學資格需要大學畢業、康乃爾醫學院需要三年大學經歷、二十所醫學院需要兩年大學經歷，而一百三十二所只需要高中甚至更低學歷。這時的美國醫學院被批評為文憑販賣者，醫學生普遍缺乏看病的能力，有的甚至在畢業前沒有接觸過病人。

報告出爐後引起大眾一片嘩然。美國醫學會（American Medical Association, AMA）因此獲得授權，拒絕發給不合格醫學院的資格憑證，導致一半以上的醫學院因此關門，美國醫學教育因此才步入正軌，發揚光大，並做為全世界醫療教育的典範。

唯一滿分的醫學院

在「佛烈斯那報告」中，僅有一所醫學院，即瓊斯．霍普金斯醫學院，獲得沒有缺點的滿分成績。

瓊斯．霍普金斯醫院設於一八八九年，醫學院則成立於一八九三年，第一屆學生僅有十八位，其中三人為女生。從創校到「佛烈斯那報告」，時僅十五年歷史。

為什麼瓊斯・霍普金斯醫學院成為當時的模範生而獲得青睞？

當然，創辦人瓊斯・霍普金斯的高瞻遠矚，以及後來董事會的幾個堅持，例如：醫學院學生入學需具大學畢業資格，醫學院的各科主任同時是醫學院科系主任等外，當時所謂瓊斯・霍普金斯四大巨頭（Big Four），即魏爾契（William Henry Welch）、奧斯勒（William Osler）、霍斯德，以及凱利（Howard Atwood Kelly）等創院醫師的領導，也是奠定瓊斯・霍普金斯醫學院地位不可或缺的因素。

魏爾契是一位病理學家，後來擔任醫學院院長，之後又設立公共衛生學院，獲得當時美國總統赫伯特・胡佛（Herbert Hoover）的公開表揚；奧斯勒是內科主任，後來擔任英國牛津大學的欽定教授，是眾所周知的醫學大師及醫學倫理導師；凱利是婦科主任，為子宮頸癌放射治療的創始者。

爭議人物霍斯德

最讓人爭論不已的，則是四大巨頭中的外科主任霍斯德。

近百年來，對於醫學成長的貢獻，生物科技無疑占有重要的地位。但就醫療成效而言，外科不容諱言是最顯而易見的最大功臣。

外科的「切除」與「重建」，轉而「移植」，進入內視鏡顯微手術，甚至是機器人手術。

外科手術治癒或減少病痛無數，超越史上任何時代的醫療成就，但誰是推動的原動力？

茵伯（Gerald Imber）是在曼哈頓開業的一位整形外科醫師。他在紐約長老教會醫院（New York Presbyterian Hospital）工作，也在康乃爾大學醫學院執教，而他在工作中聽到了不少霍斯德從前在這些醫院從事外科工作的許多傳奇故事，啟發他寫這本書，並把它定名為《手術刀下的奇才：現代外科之父霍斯德的傳奇生涯》，於二〇一〇年出版。

霍斯德一八五二年九月二十三日出生於紐約市，一八七四年畢業於耶魯大學，一八七七年醫學院畢業於附屬哥倫比亞大學的內外科醫師學院（College of Physician and Surgeons）。

畢業後，霍斯德前往歐洲留學，與魏爾契、奧斯勒等當時流行的留學風氣相同，都是向德、法取經。

他在紐約地區從事外科非常成功，並在紐約與魏爾契合辦了一個非常成功的醫學補習班。當時哥倫比亞大學醫學院就招收了五百位醫學生，很多醫學生為了得到更好的指導進而通過執照考試，自費參加補習班。

後來，霍斯德在補習班裡徵求了二十五位左右的醫學生，自願做以四%古柯鹼溶液做局部麻醉的試驗，但不少學生及霍斯德本人都因此對古柯鹼成癮。

霍斯德後來又對嗎啡成癮，藥物成癮的問題讓他無法立足紐約。此時，好友魏爾契前往新成立的瓊斯．霍普金斯醫學院主持病理科，並協助醫學院的設立。

霍斯德獨自一人在瓊斯．霍普金斯醫學院設立外科部，而由於他對無菌手術的堅持、對手術中止血及對組織溫柔的對待、對解剖學及病理學的重視，疝氣手術、乳癌手術、膽囊及膽道手術、甲狀腺及內分泌腺手術，甚至血管手術，都漸漸變成常規，因而建立了一個具有科學，安全而解剖正確的外科學派。

更重要的是，他提倡一套外科住院醫師訓練計畫，除了依年資漸增而責任漸重的親自手術外，他要求住院醫師接受外科病理及實驗外科的訓練。

霍斯德學派

霍斯德認為，整個外科住院醫師訓練必須長達八年。在這種嚴格的訓練計畫下，他一生訓練出十七位總住院醫師，後來都成為全美重要醫學院及醫院的領導人物。這個所謂霍斯德外科學派的理念，因此發揚光大，影響不僅美國，也是全世界的外科界，幾達數十年之久。

他所訓練出的總住院醫師，包括：神經外科的庫興（Harvey Cushing）、泌尿外科的楊格（Hugh Young），及第二代心臟外科的布萊洛克（Alfred Blalock）與薩比史東（David Sabiston）。薩比史東為杜克大學外科主任，同時是《克氏外科學》（*Sabiston Text Book of Surgery*）的主編。甚至有人說，現在美國的外科領導人物如果往上追蹤，或多或少都與霍斯德有關。

天才的傳奇人生

作者茵伯醫師會以「困擾下的天才」及「奇異的兩極生涯」來形容霍斯德傳奇的一生，是因為霍斯德確實令人難以完全理解及論斷。

霍斯德早年染上古柯鹼與嗎啡的藥癮，可能是他每年幾乎長達半年不在瓊斯・霍普金斯的原因。

有人甚至認為，他讓總住院醫師負擔絕大部分的手術，並非為了訓練，而是他無法長時間在開刀房工作。而他有時近乎刻薄的性格與言語，與同事間難以相處，其實也是藥癮改變了他的性格。

但有一點值得肯定的是，當霍斯德在醫院工作時，他是相當勤奮的，而他在實驗室的外科研究及其成果的發表，極有效率並富創造性。他無疑是一個天才。

這本書的中文本，是由和信癌症紀念醫院黃達夫院長的鼓勵及推薦，並經黃達夫文教基金會的支持及天下文化事業的協助才能順利出版。在此，我表達我衷心的感謝。

國家圖書館出版品預行編目(CIP)資料

我的外科人生：林哲男醫師回憶錄 / 林哲男著.
-- 第一版. -- 臺北市：遠見天下文化, 2019.10
面；　公分. -- (社會人文；BGB483)
ISBN 978-986-479-842-1(精裝)

1.林哲男 2.醫師 3.回憶錄

783.3886　　　108017708

社會人文 BGB483

我的外科人生

林哲男醫師回憶錄

作者 — 林哲男

主編 — 李桂芬
責任編輯 — 羅玳珊、巫芷紜（特約）
美術設計 — 張議文
照片提供 — 林哲男

出版者 — 遠見天下文化出版股份有限公司
創辦人 — 高希均、王力行
遠見・天下文化・事業群　董事長 — 高希均
事業群發行人／CEO／總編輯 — 王力行
天下文化社長／總經理 — 林天來
國際事務開發部兼版權中心總監 — 潘欣
法律顧問 — 理律法律事務所陳長文律師
著作權顧問 — 魏啟翔律師
社址 — 台北市 104 松江路 93 巷 1 號 2 樓
讀者服務專線 —（02）2662-0012
傳真 —（02）2662-0007；2662-0009
電子信箱 — cwpc@cwgv.com.tw
郵政劃撥 — 1326703-6 號　遠見天下文化出版股份有限公司
出版登記 — 局版台業字第 2517 號

電腦排版 — 立全電腦印前排版有限公司
製版廠 — 中原造像股份有限公司
印刷廠 — 中原造像股份有限公司
裝訂廠 — 中原造像股份有限公司
總經銷 — 大和書報圖書股份有限公司 電話／(02)8990-2588
初版日期 — 2019 年 10 月 30 日第一版第 1 次印行

定價 — 350 元
ISBN — 978-986-479-842-1
書號 — BGB483
天下文化官網 — bookzone.cwgv.com.tw